AF641167

CraSy EaSyness

Technik-Videos

Knöpfe auf Strick annähen
https://youtu.be/fQ1A-BHlUnA

KFB
https://youtu.be/y-N6qewSx4w

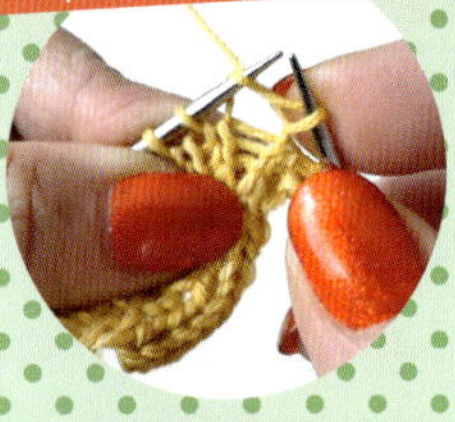

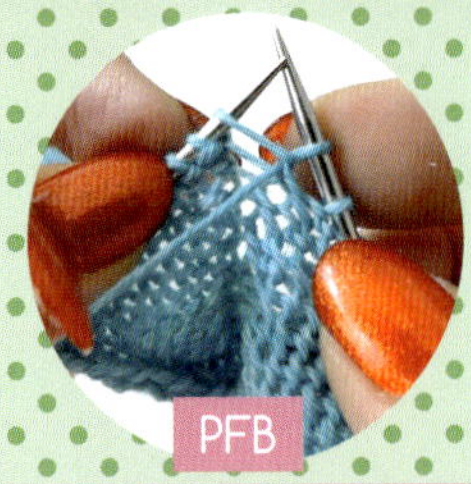

PFB
https://youtu.be/TQKhEU3Pfm4

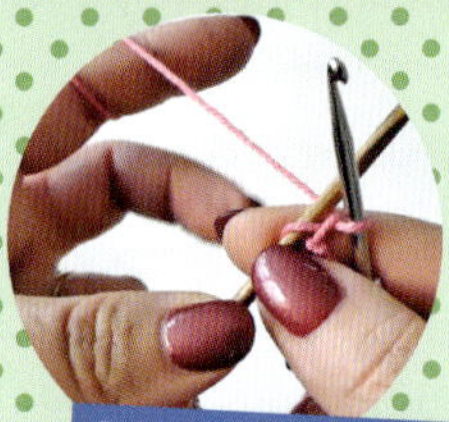

Picot Anschlag
https://youtu.be/E2zn8LLPreM

Maschen aus kraus rechtem Rand aufnehmen
https://youtu.be/yp1deCsRk4o

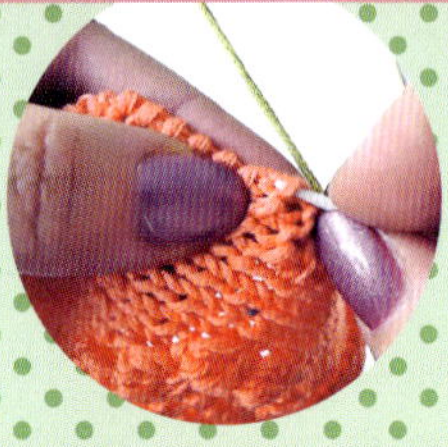

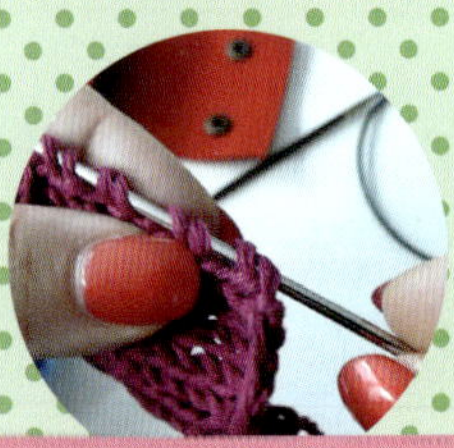

Maschen aus glatt rechtem Seitenrand aufnehmen
https://youtu.be/rSTThcKeGeA

Provisorischer Anschlag gehäkelt
https://youtu.be/9yhbCqs6rvQ

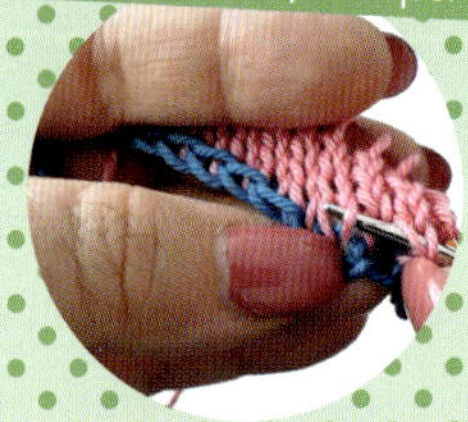

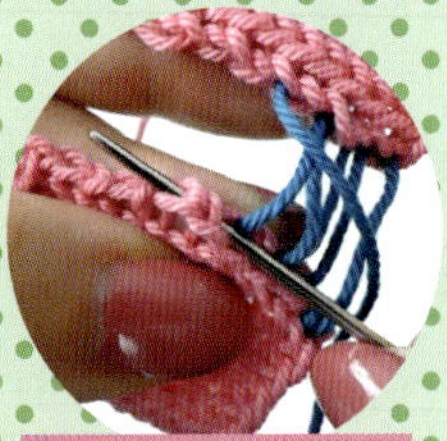

Matratzenstich
https://youtu.be/vnKEUd9opMY

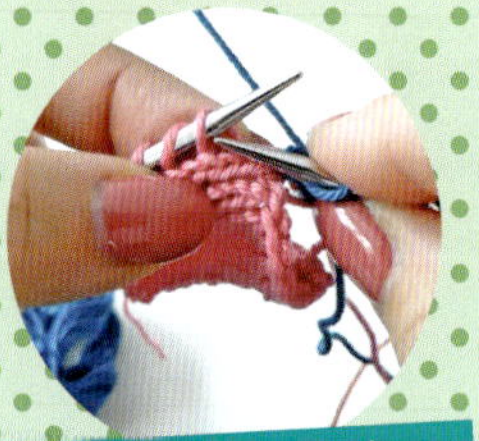

Maschen anstricken
https://youtu.be/S-EiD6uol8s

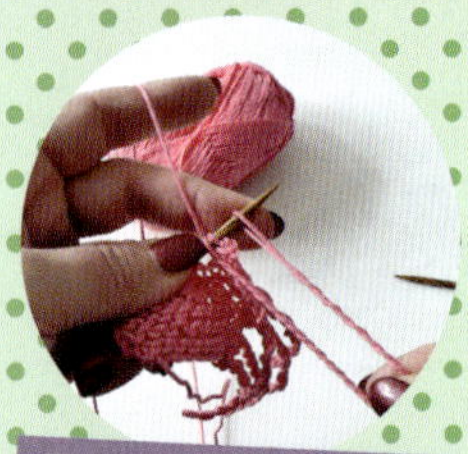

Fransen abketten
https://youtu.be/nu3BVgwa-n8

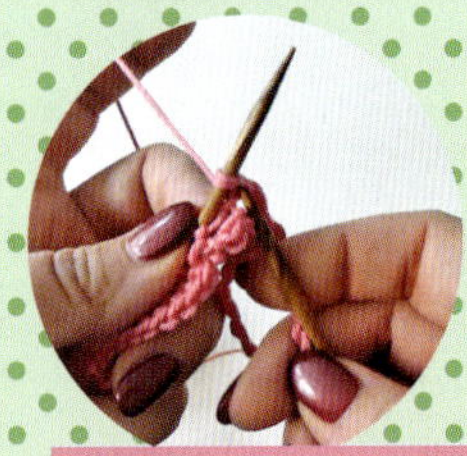

Fransen am Rand
https://youtu.be/Dlg43AvCrhs

Maschen am Ende von Strickstücken zunehmen
https://youtu.be/5W8LH2OxiWQ

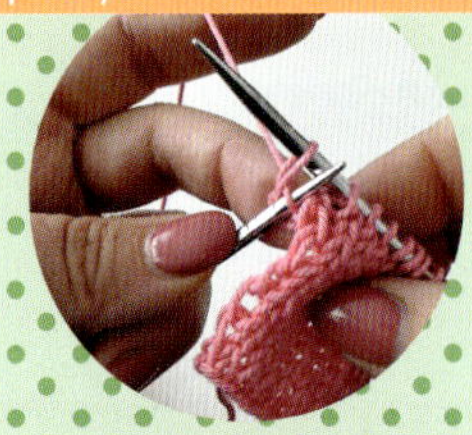

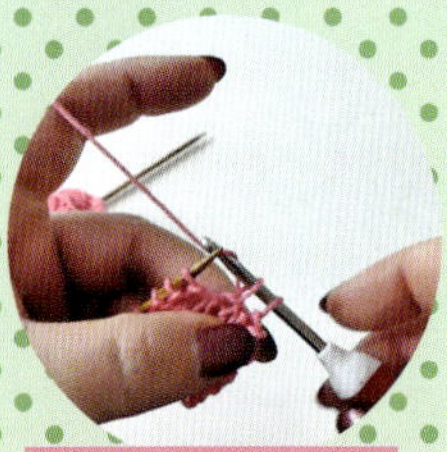

Picot abketten
https://youtu.be/WCeqvL9aFx4

Abhäkeln
https://youtu.be/gHaeBRLuenk

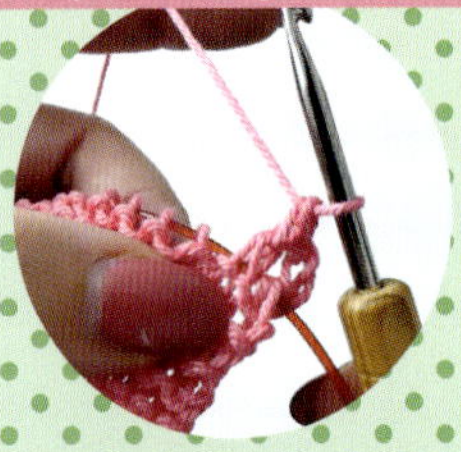

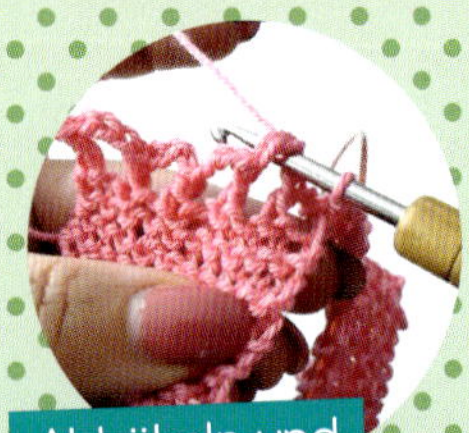

Abhäkeln und zusammenfügen
https://youtu.be/SEn2JXowrGE

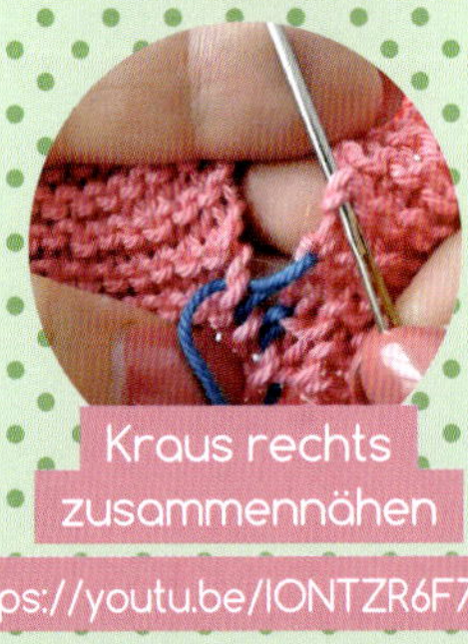

Kraus rechts zusammennähen
https://youtu.be/lONTZR6F7bA

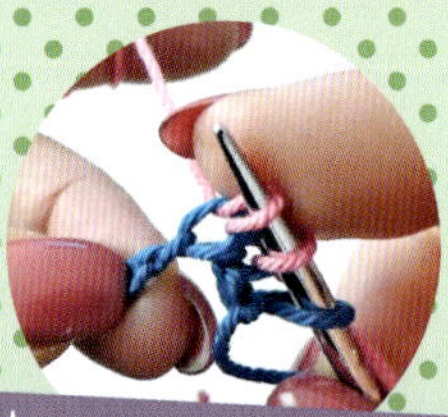

Maschen aus einer Luftmaschenkette aufnehmen
https://youtu.be/s-KWxPDs3jc

Alle Videos, viele Tipps, Tricks, Techniken und tolle Projekte findest du in meinem Youtube Kanal unter **www.youtube.com/user/sylvierasch**. Schau doch mal rein!

CraSy EaSyness

by Sylvie Rasch

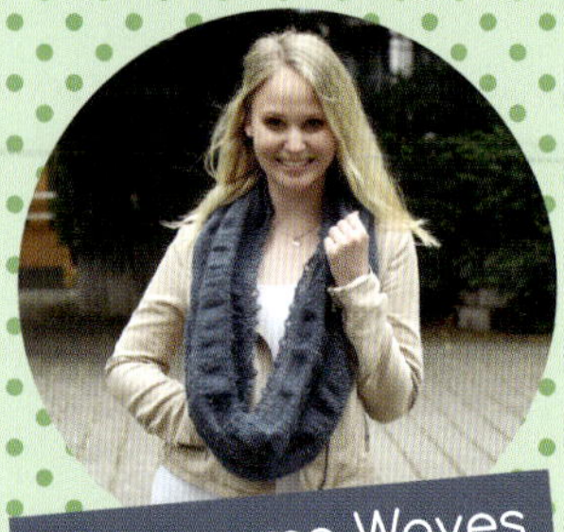
Make some Waves

All through the Year
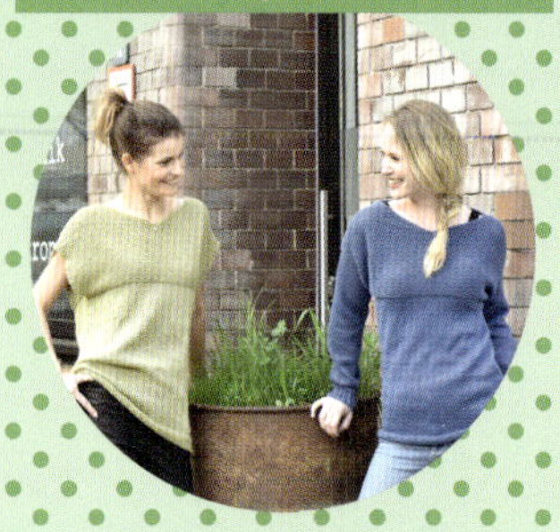

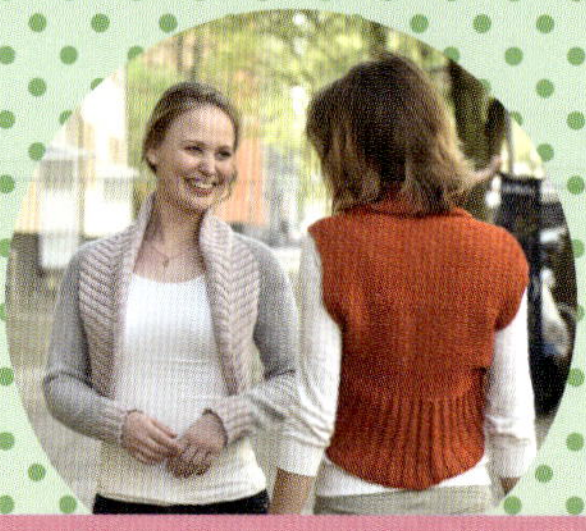
When two become one

Happy day Hoodie
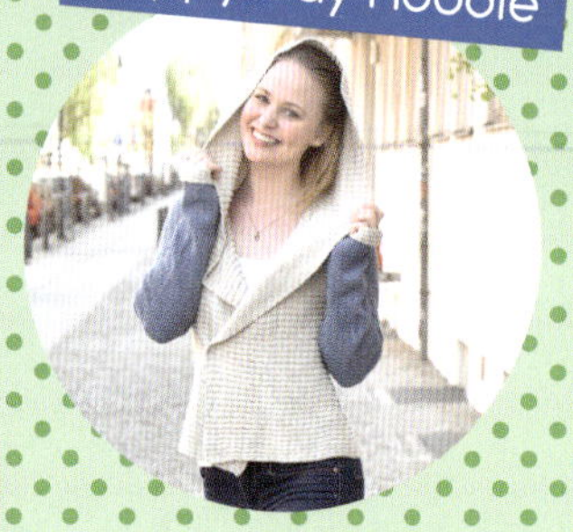

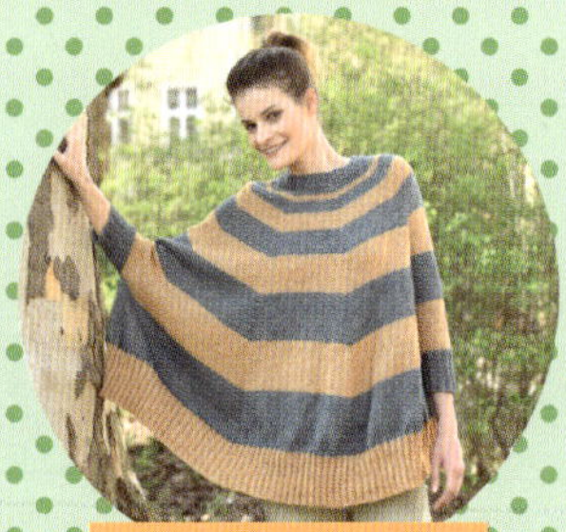
CoSy Autumn

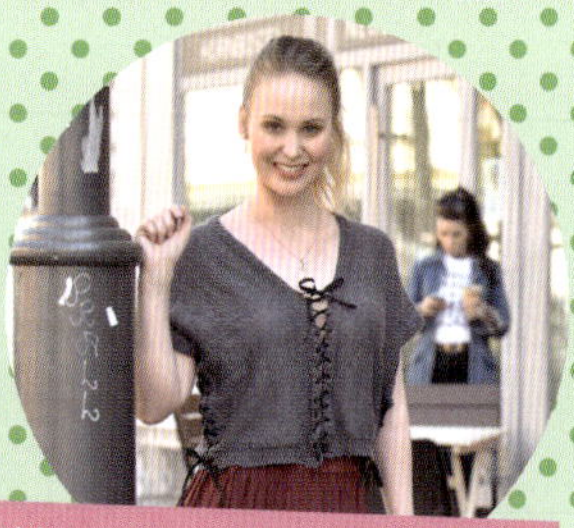
Waiting for Summer

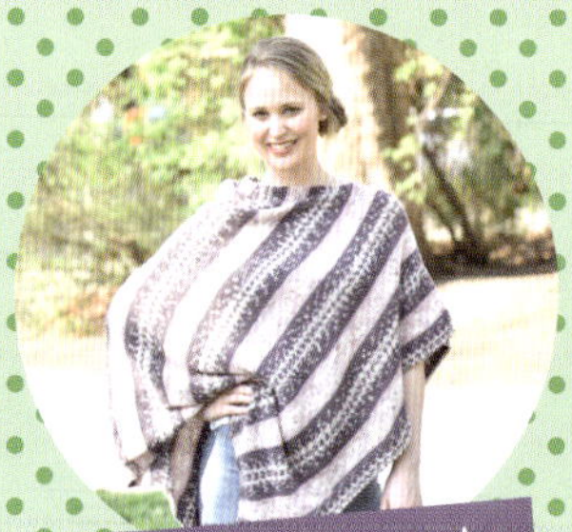
Believe in Purple

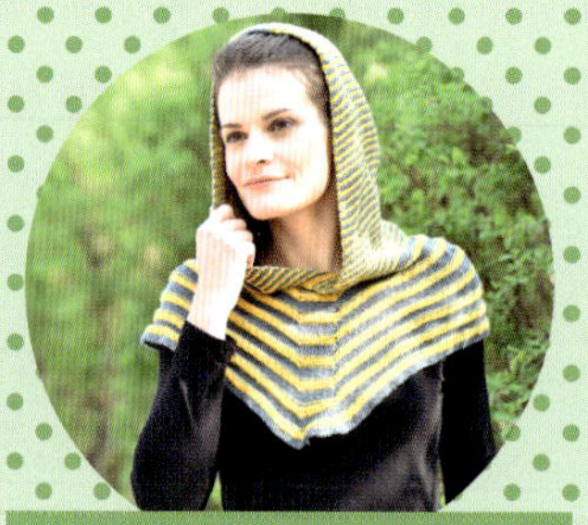
Please hold the Line

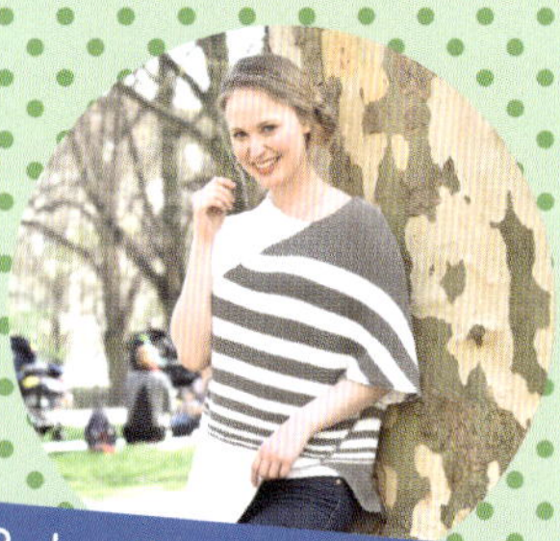
Baby it's cold outside

Colours of the Wind
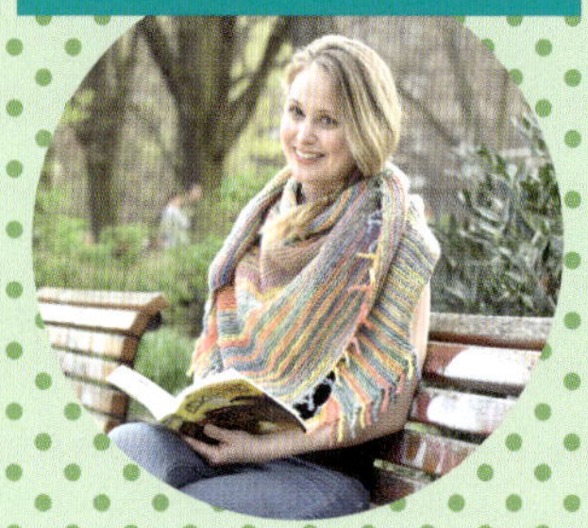

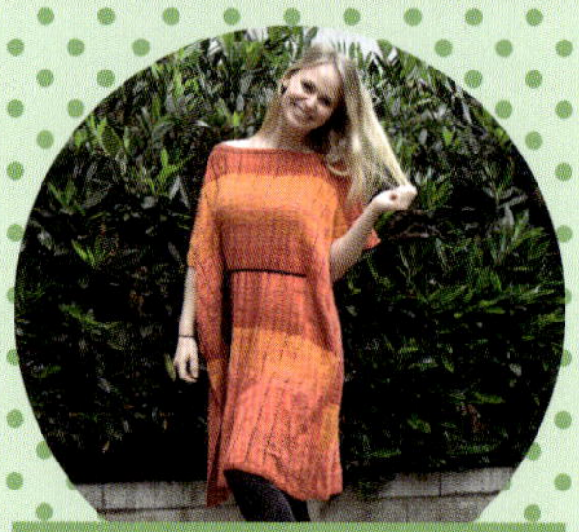
Let the Sunshine in

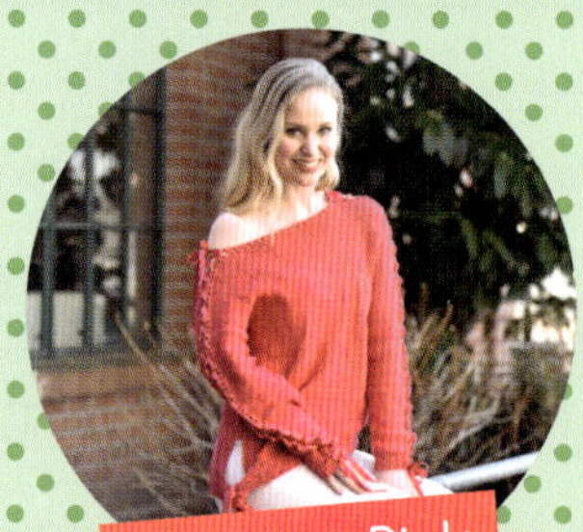
Pretty in Pink

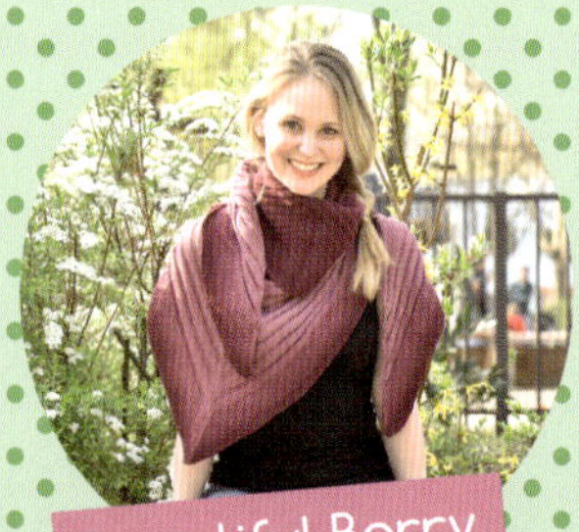
Beautiful Berry

My Coffee break
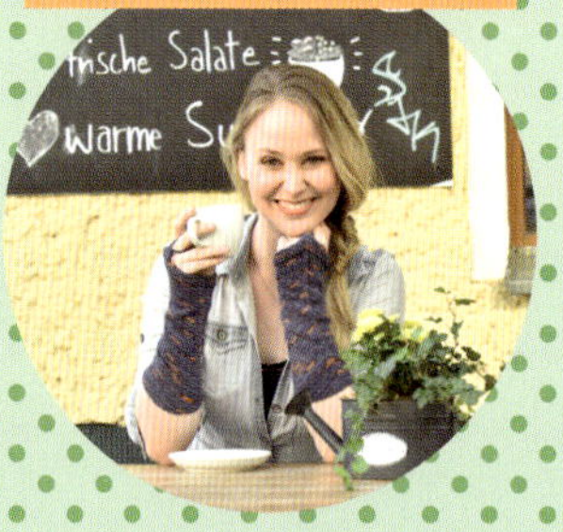

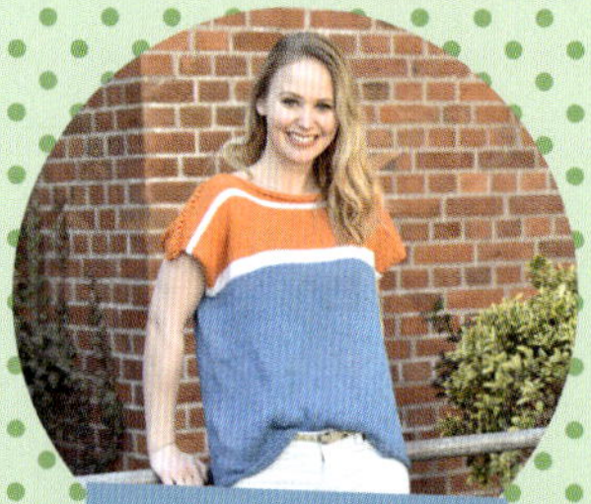
EaSy Summer

Inhalt

Vorwort

Bei mir heißt die allabendliche Frage:

„Was strickgucken wir denn?",

denn das Strickzeug gehört für mich zum Fernsehen wie die Butter auf das Brot. Natürlich können wir auch sonst überall stricken, nicht nur vor dem TV auf der Couch, sondern auch bei schönem Wetter im Park oder bei Stricktreffen oder auch beim Autofahren – natürlich nicht, wenn man selbst am Steuer sitzt ;). Gerade wenn es stressig ist, beim Quatschen auf den Stricktreffen oder auch beim glotzofonieren (wie man bei uns in Berlin das Fernseh-Gucken auch nennt) arbeite ich am liebsten an Modellen, bei denen man nicht viel denken muss. Also keine komplizierten Lacetücher, Zopfmuster oder farbige Zählmuster – die ich auch alle liebend gerne stricke – aber es gibt einfach Situationen, da liebe ich es, wenn ich da einfach meine Runden drehen und auf den spannenden Film oder die spannende Serie schauen kann. Dennoch möchte ich am Ende ein fertiges Stück in der Hand haben, auf das ich stolz sein kann und das auch stylisch ist. Wer jetzt denkt, Style und entspanntes Stricken passen nicht zusammen, der sollte unbedingt einen Blick auf die Modelle werfen – mit einfachen Mitteln, nur rechten und linken Maschen, ein paar Zu- und Abnahmen kann man nämlich wirklich total stylische und alltagstaugliche Oberteile, Jacken und Accessoires zaubern. Dabei habe ich alle Anleitungen für euch so aufgebaut, dass ihr euch die einzelnen Teile, an denen ihr arbeitet, jeweils super einfach merken könnt. Ihr müsst also nicht ständig auf die Anleitung schauen, sondern euch immer nur die kurzen Muster einprägen. Die Anleitungen sind in Kapitel aufgeteilt, so gibt es immer passende Häppchen – genau wie das Leben oder die Lieblingsserie. Damit sind die Sachen auch ideale Mitnahme-Projekte. Also Lieblingsfilm oder Lieblingsserie an, Nadeln gewetzt und auf geht es.

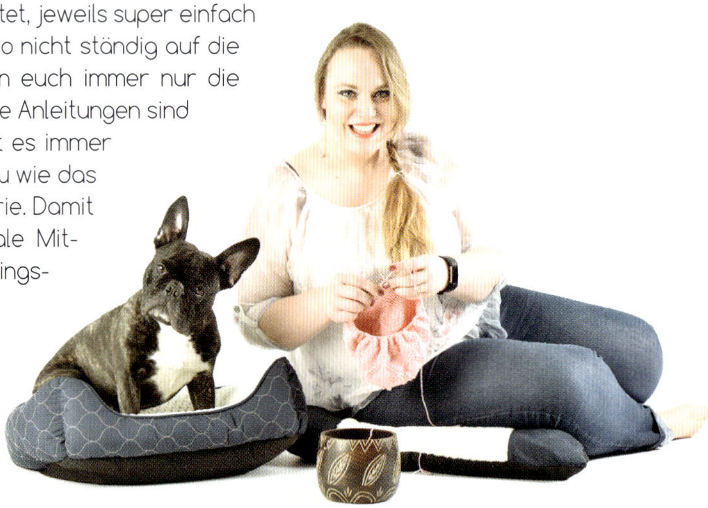

Auch bei diesem Buch haben viele fleißige Hände mitgestrickt, mitgelesen und mitgewirkt, die zu wunderbaren Menschen gehören, welche mittlerweile ein wichtiger Teil in meinem Leben geworden sind und auf die ich auf keinen Fall verzichten möchte und hier sind sie:

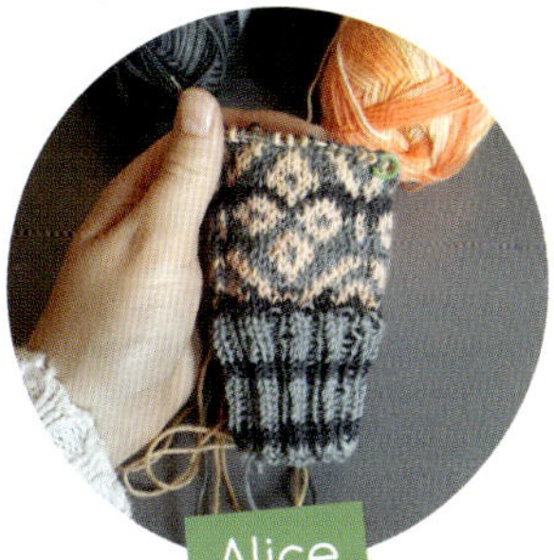
Alice

Vanessa
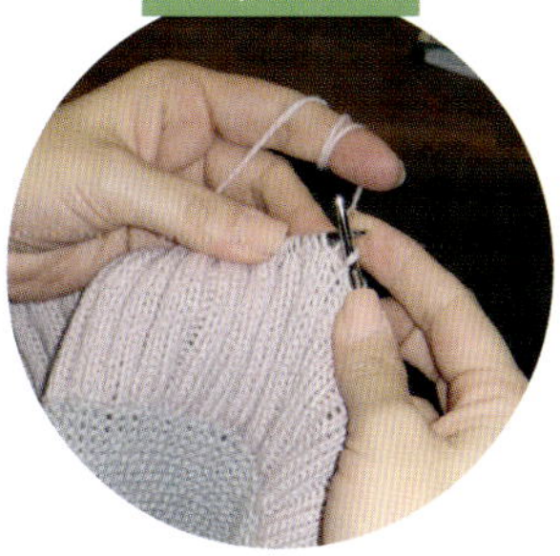

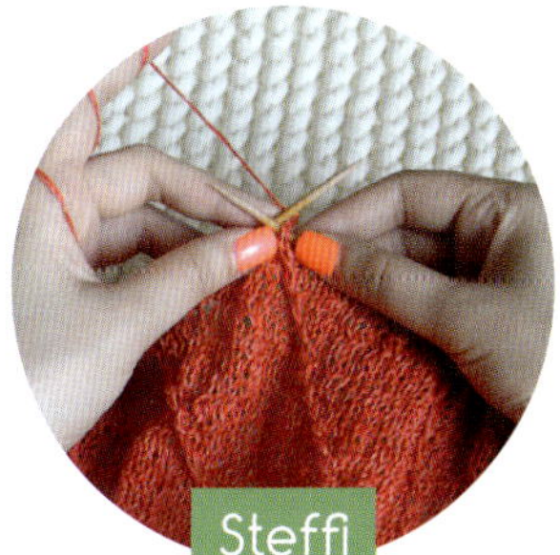
Steffi

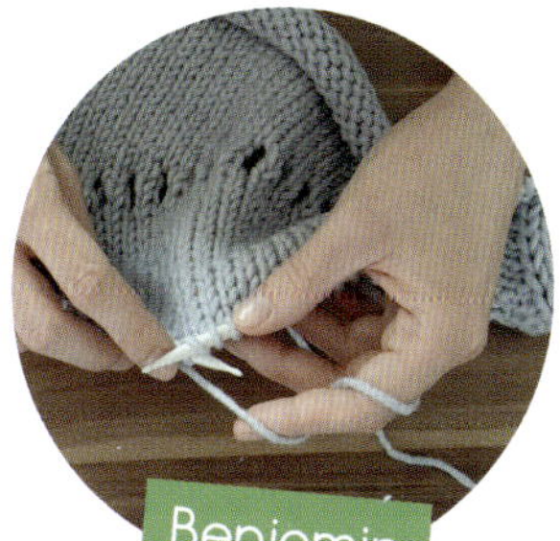
Benjamin

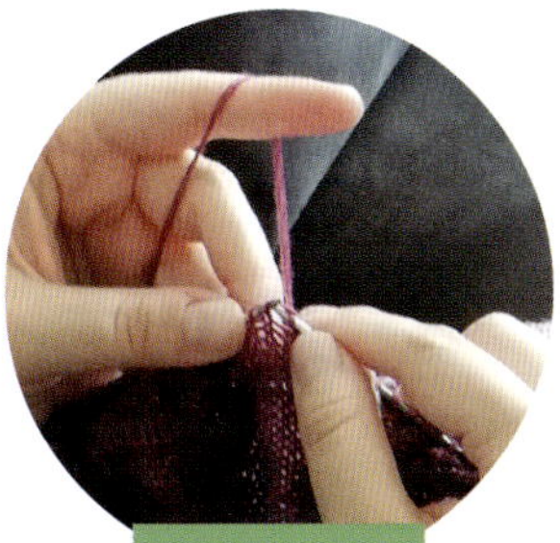
Christina

Helga
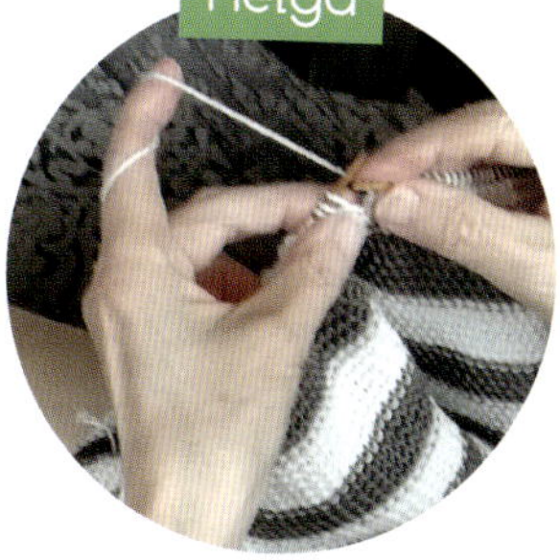

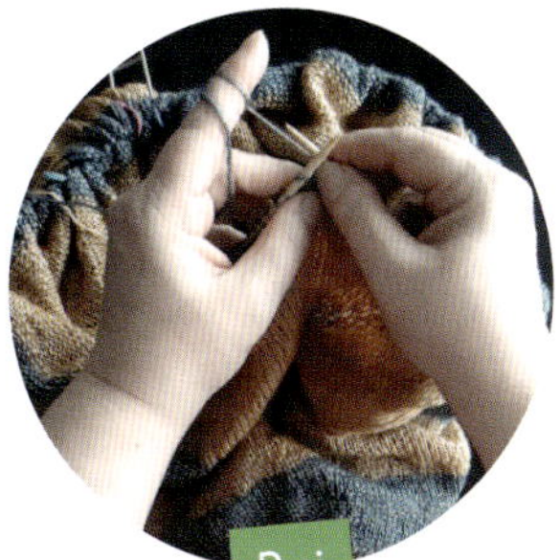
Bri

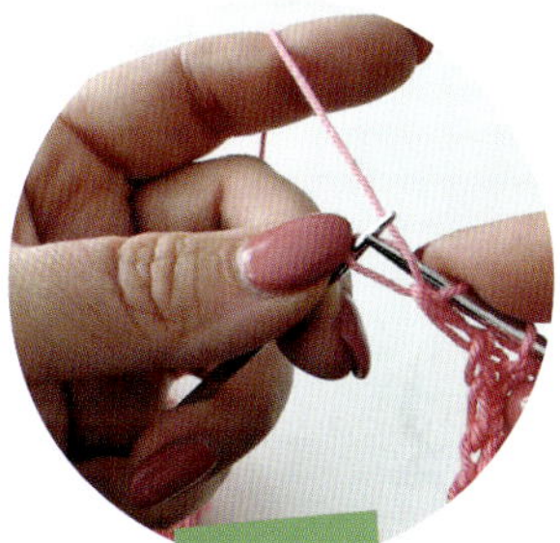
Sylvie

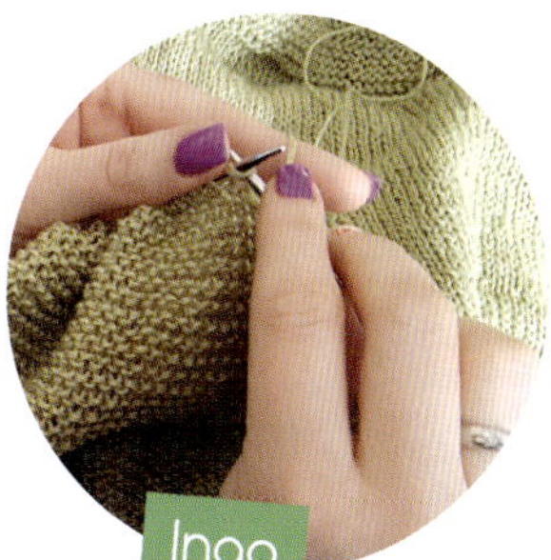
Inga

Ann
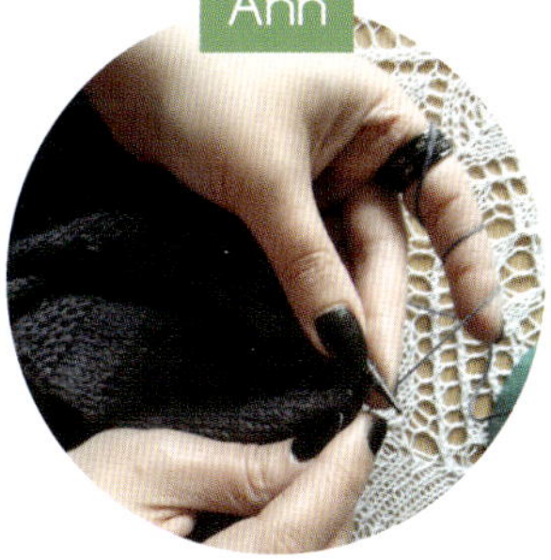

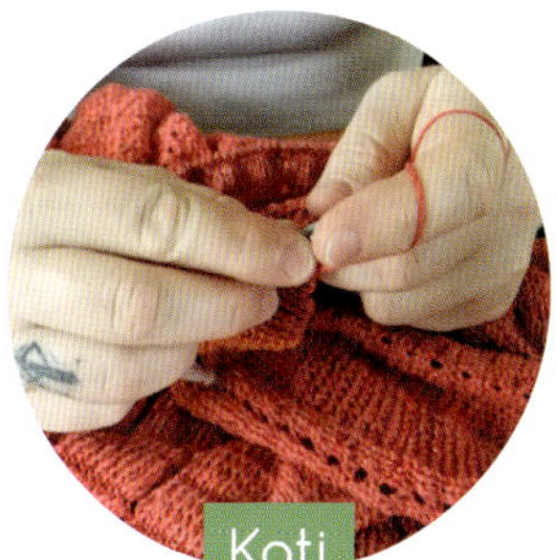
Kati

Mama

EaSyness Modelle

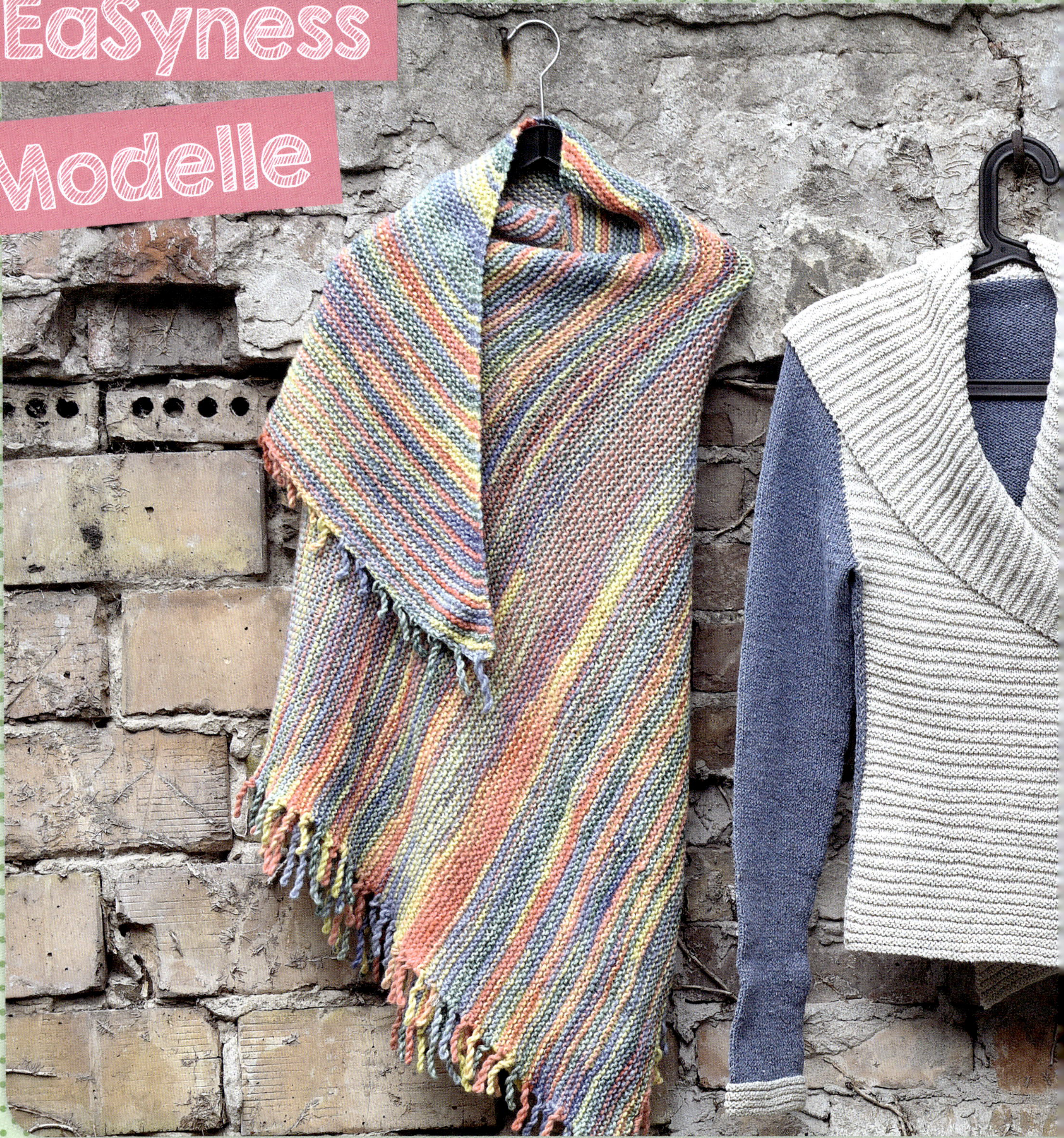

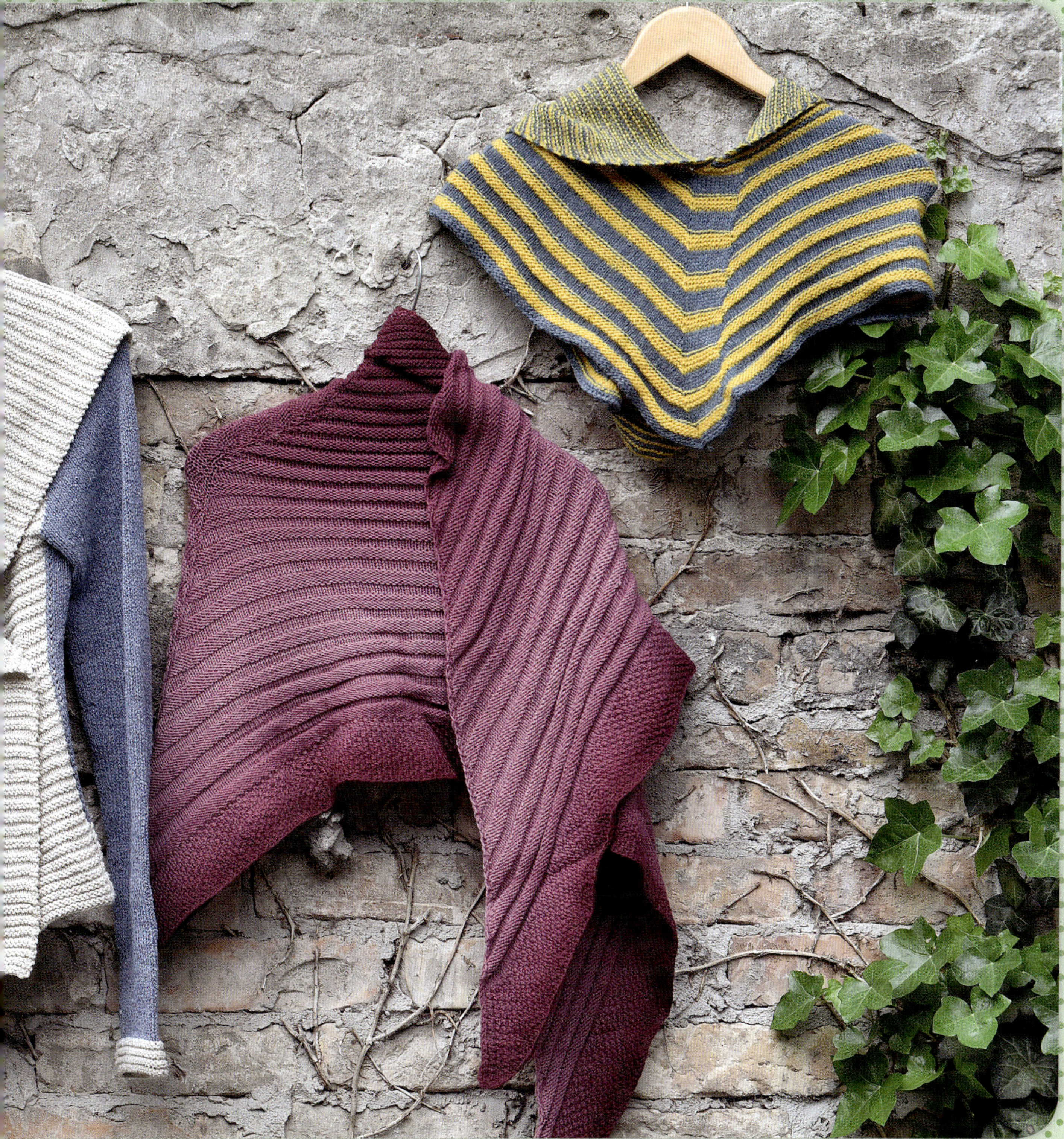

Make some Waves

Größe

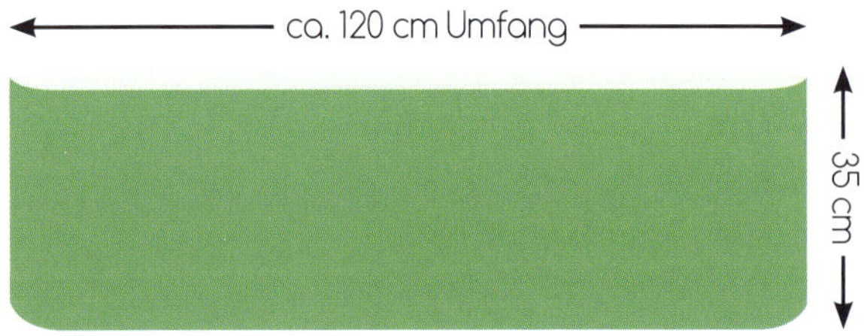

Material

Schulana Kid Seta Pearl (LL 118 m/25 g) in Aqua (Fb 618), 100 g
Stricknadeln 4,5 mm

Maschenprobe

Glatt rechts mit Nd 4,5 mm sind 19 M und 26 R = 10 cm x 10 cm

Deine Muster

Muster 1 in Runden:
1 M re, 1 M li im Wechsel.

Muster 2 in Runden:
Alle M re stricken.

Die Story deines Loops

Der Loop wird in Runden gestrickt und kann beliebig breiter oder schmaler gemacht werden. Die Perlen sind hierbei direkt in der Wolle enthalten.

1. Kapitel: Mit Picots voraus

160 Maschen im Häkelanschlag mit Picots anschlagen – das heißt 4 Maschen aufhäkeln, 3 Luftmaschen, 4 Maschen aufhäkeln im Wechsel, bis 160 Maschen auf der Nadel sind.

2. Kapitel: Frisch gerippt ist halb gewonnen

Nun zur Runde schließen und 6 Runden in Muster 1 stricken. Sind die ersten Rippen-Runden gestrickt, bist du bereit für Kapitel 3.

3. Kapitel: Ab auf die Welle

Verdopple alle Maschen durch KFB; du hast am Ende 320 Maschen auf der Nadel.
Stricke nun 11 Runden in Muster 2.
In der 12. Runde strickst du immer 2 Maschen rechts zusammen, so hast du am Ende der Runde wieder 160 Maschen auf der Nadel.
Wiederhole nun abwechselnd Kapitel 2 und 3 bis dein Loop die gewünschte Höhe erreicht hat. Im abgebildeten Fall wurden Kapitel 2 und 3 je 4 Mal gestrickt.
Als Abschluss strickst du noch noch einmal Kapitel 2 und kettest dann mit Picots deine Arbeit ab.
Nun noch alle Fäden vernähen und schon kann der Loop getragen werden.

So passt's dir

Der Loop hat einen Umfang von ca. 120 cm und kann ganz beliebig verbreitert oder verkleinert werden. Wenn du die Picots in dem Abstand einhalten möchtest, muss die Maschenzahl durch 4 teilbar sein.

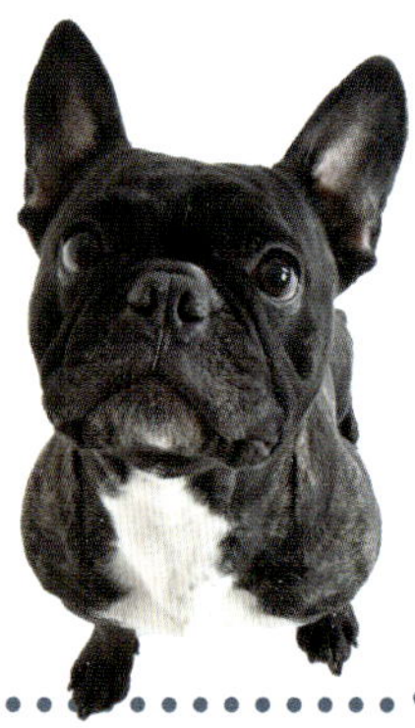

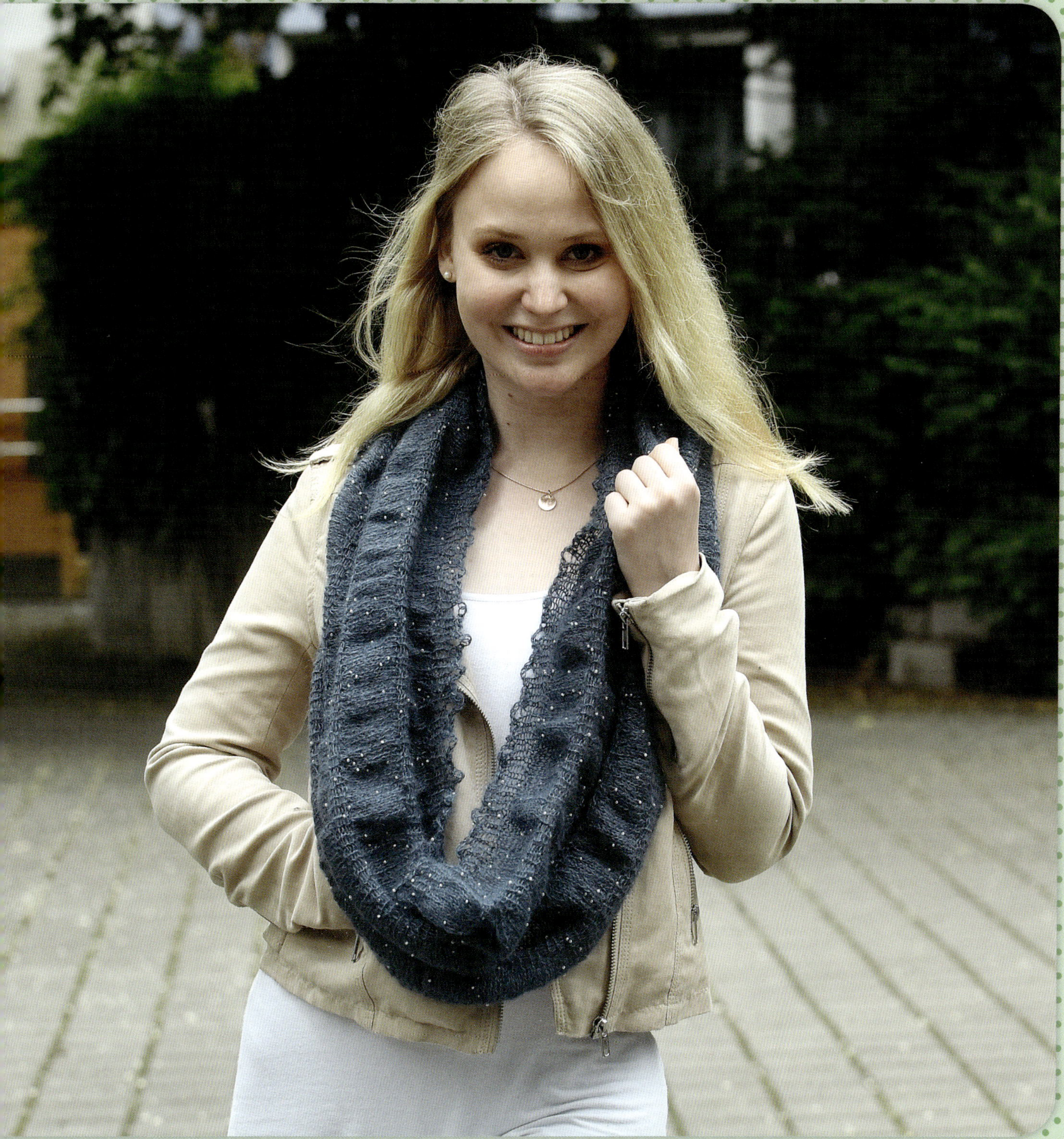

Benutzte Techniken

Picot Anschlag

Nimm mit einer Häkelnadel 4 Maschen auf die Stricknadel auf, indem du die Stricknadel auf den Arbeitsfaden legst und dann mit der Häkelnadel eine Luftmasche um die Stricknadel häkelst. Nach 4 Maschen 3 Luftmaschen einzeln machen und wieder 4 Maschen auf die Stricknadel aufschlagen.

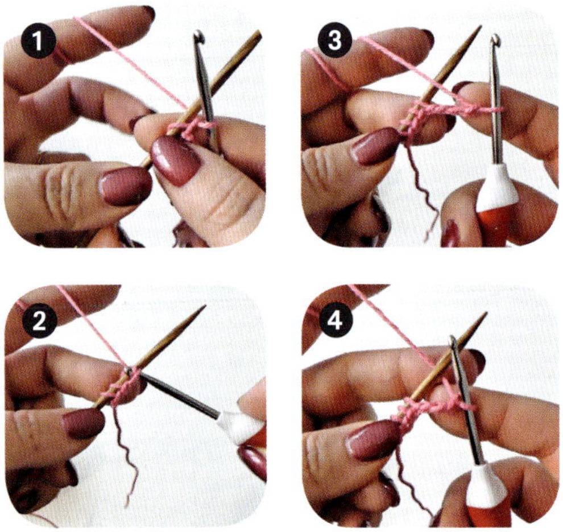

Picot abketten

Mit der Häkelnadel eine feste Masche in jede Masche häkeln und nach 4 Maschen 3 Luftmaschen arbeiten, dann wieder feste Maschen in die nächsten 4 Maschen häkeln. Für ein stärkeres Picot die 3 Luftmaschen mit einer Kettmasche in die erste Luftmasche schließen.

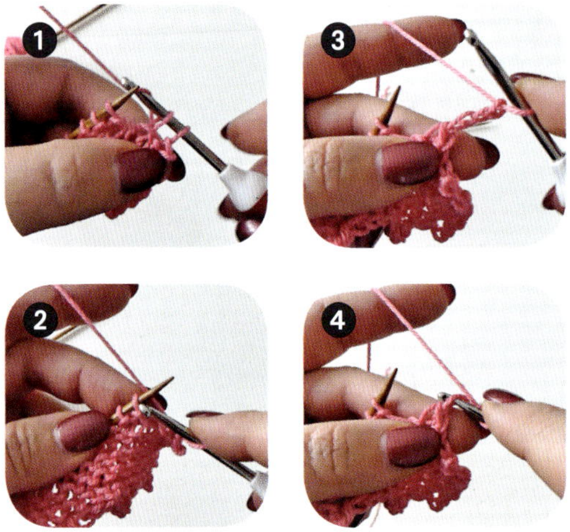

KFB

Die Masche einmal rechts abstricken, jedoch nicht von der Nadel gleiten lassen, dann die gleiche Masche noch einmal rechts verschränkt abstricken.

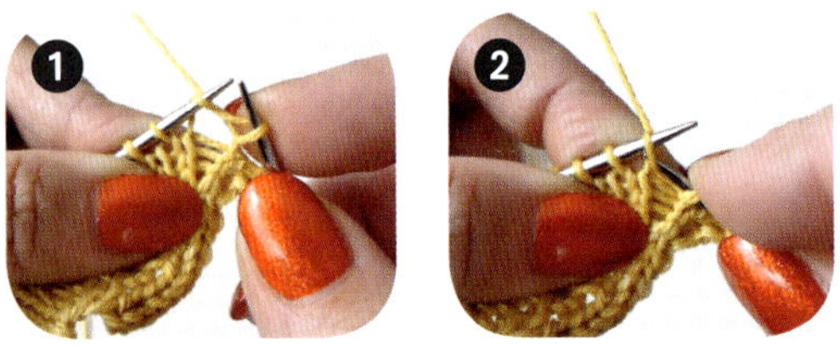

Mach es zu deiner Story

Du kannst hier prima mit Farben spielen und je Kapitel einfach die Farben wechseln. Ob du nur mit 2 Farben arbeitest oder dir mit vielen Farben einen kleinen Regenbogen strickst, ist ganz und gar deiner Fantasie überlassen.

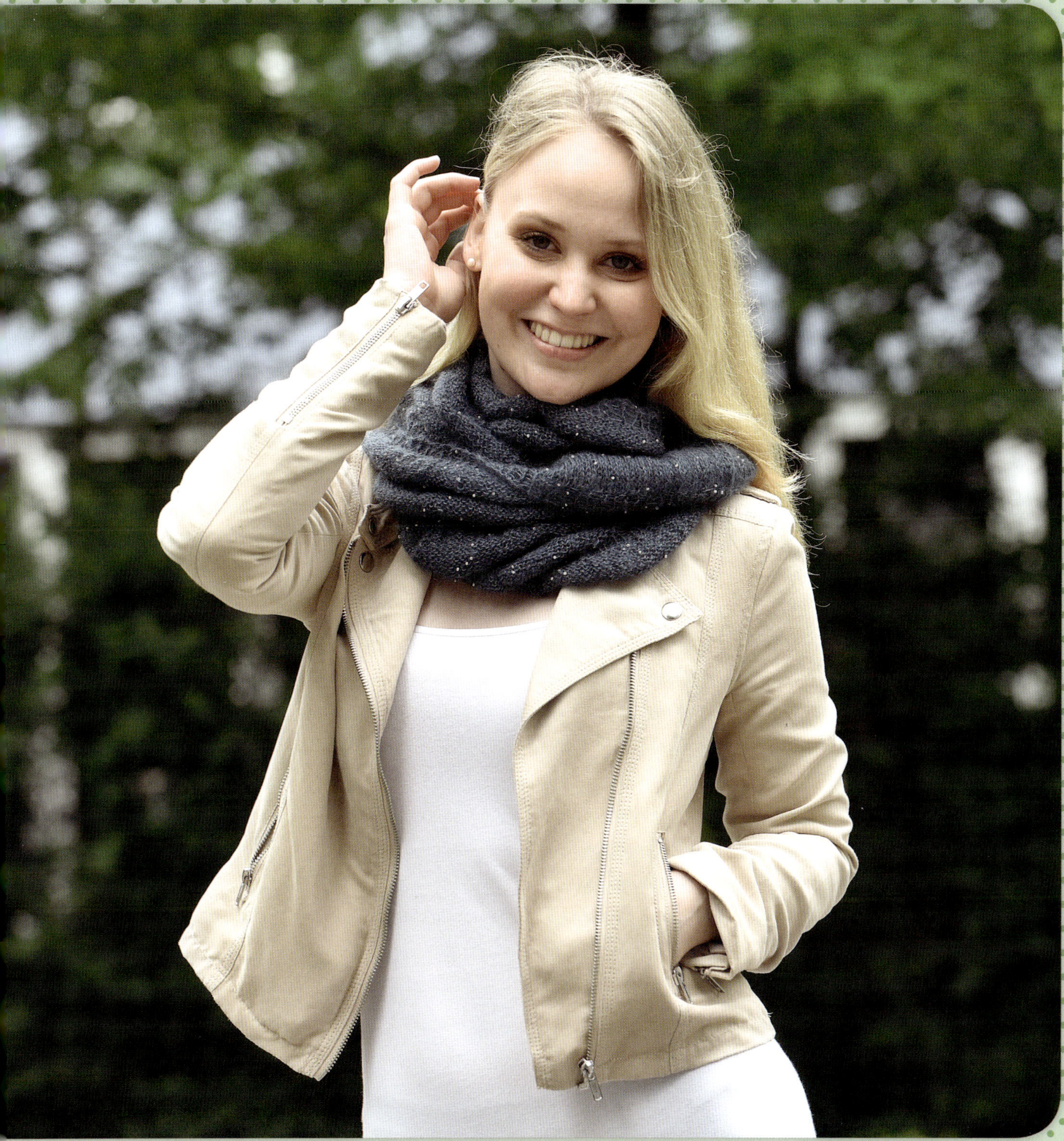

All through the year

Größe

34	36	38	40	42	44	46	48	50	52	54	56
180	190	200	212	224	236	248	264	281	298	315	332
Maschenanschlag											

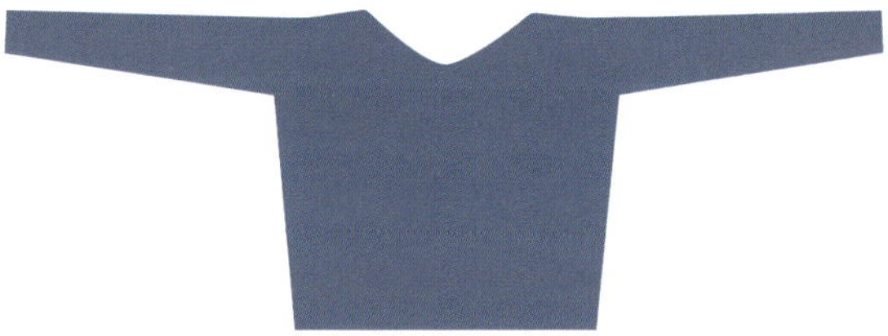

Material

Schulana Lilana (LL 175 m/50 g): Shirt ohne Ärmel: in Limonengrün (Fb 2), 350 g; Shirt mit Ärmeln in Royalblau (Fb 7), 450 g
Stricknadeln 3,5 mm

Maschenprobe

Glatt rechts mit Nd 3,5 mm sind 25 M und 35 R = 10 cm x 10 cm

Deine Muster

Muster 1 in Reihen:

Kraus rechts. Hinreihe sowie Rückreihe alle M re stricken, auch die Randmaschen.

Muster 2 in Runden:

Re M für 2,5 cm Höhe stricken, in der nächsten Rd jeweils 1 KFB rechts und links vom MM (Maschenmarkierer) = 4 M zugenommen.

Muster 3 in Reihen:

1. Reihe: RüZ (2 M überzogen zusammenstricken), re M bis 2 M vor MM, ReZ (2 M re zusammenstricken), MM überheben, RüZ, re M bis 2 M vor MM, ReZ, MM überheben, RüZ, re M bis 2 M vor dem Ende, ReZ.
2. Reihe: Wie erste Reihe stricken.

Muster 4 in Runden:

Re M für 2,5 cm Höhe stricken, in der nächsten Runde: RüZ, re M bis 2 M vor dem Ende, ReZ.

Muster 5 in Runden:

2 M re, 2 M li im Wechsel stricken.

So passt's dir

Wenn du ein anderes Garn verwendest, dann hast du 3 Möglichkeiten, um das Strickstück auf deine Größe anzupassen. Entweder rechnest du mit dem Maschenrechner auf **www.crasy.world/tools** deine Maschen für dich um, oder du machst eine Luftmaschenkette, die locker um deine Hüften herum geht und nimmst daraus die Maschen auf. Alternativ kannst du wie bei Modell **Pretty in Pink** (Schnürpulli Seite 64) beschrieben einen Gürtel stricken, der einmal locker angelegt um deine Hüften passen muss und aus dem du deine Maschen aufnimmst. Der Rest ergibt sich dann aus der Konstruktion des Shirts.

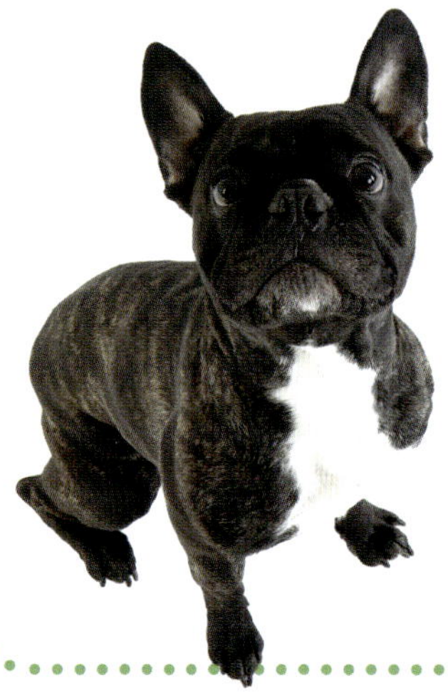

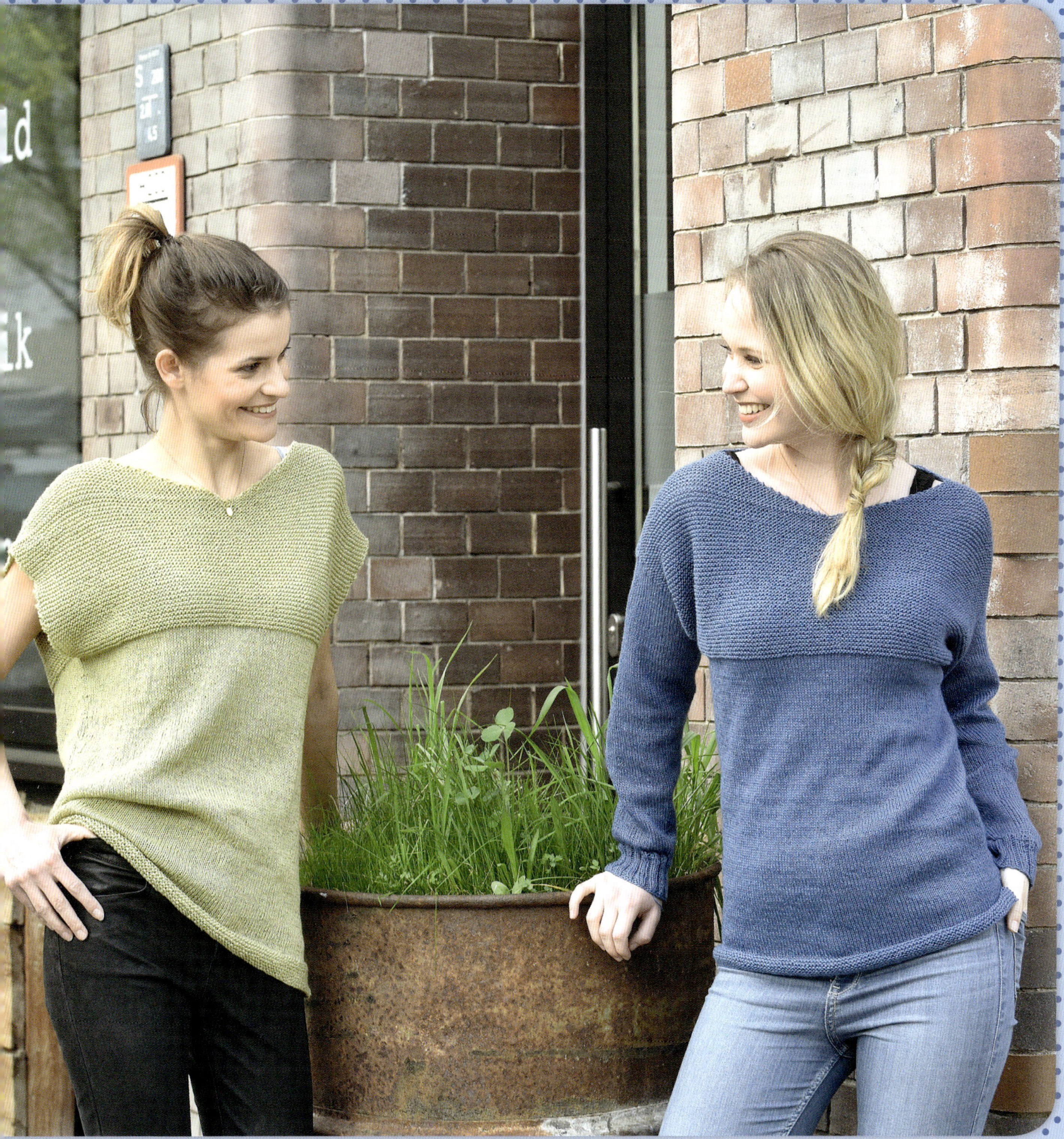

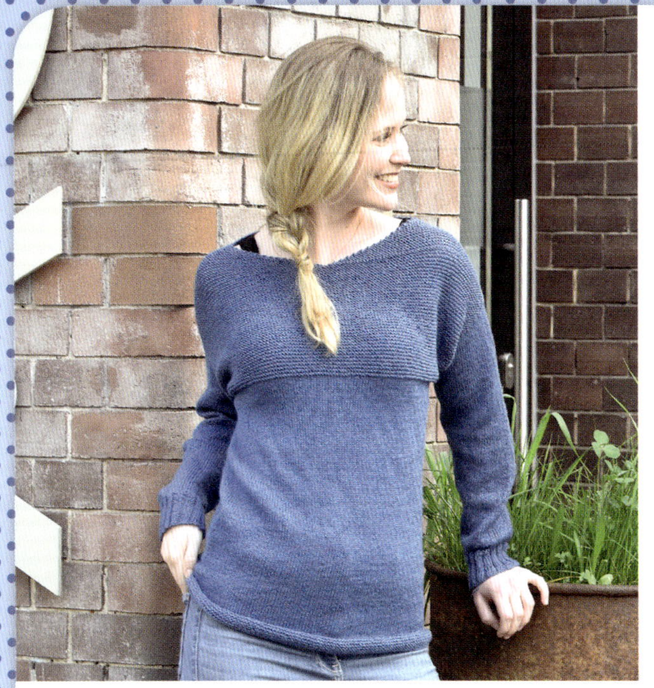

Das schicke Oversized Shirt liegt locker an und passt einfach zu allem. Du kannst es mit oder ohne Ärmel stricken und dir somit einen schicken Wohlfühlpulli oder ein schickes ärmelloses Oberteil zaubern.

Die Story deines Shirts

Das Shirt wird von unten nach oben gestrickt. Ein paar Zunahmen und Abnahmen bilden hier die stylische Form. Geteilt wird an den Ärmeln und dann die Schulter und der Kragen gestrickt. Du kannst dich noch entscheiden, ob du Ärmel dran haben möchtest, oder nicht. Dein Shirt besteht aus 5 Kapiteln.

1. Kapitel: Ein krauses Band ist schnell zur Hand

Schlage 200 Maschen (für Größe 38, ansonsten lt Tabelle am Anfang) mit deinem Garn an und folge nun für ca. 4 cm, das sind etwa 16 Reihen, Muster 1.
Das ergibt insgesamt 8 Krausrippen sowohl auf der Hin- als auch auf der Rückreihe und das ist auch schon das ganze 1. Kapitel.

Eine Alternative zum 1. Kapitel erklärt dir Werner im Abschnitt „So passt's dir".

2. Kapitel: In Runden auf zum Trapez

Hast du dein Bündchen gestrickt, wie im 1. Kapitel beschrieben, schließt du nun hier zur Runde, indem du am Ende der ersten Hinreihe die erste Masche mit der letzten Masche zusammenstrickst. Hast du die Bandalternative aus Werners Tipp gewählt, musst du hier zunächst alle Maschen aus dem kraus rechten Rand aufnehmen und dann zur Runde schließen. Hänge dir dann am Rundenanfang und in der Rundenmitte einen Maschenmarkierer ein. Die kleine Öffnung am Bündchen ist gewollt. Wenn du sie nicht magst, kannst du sie später beim Vernähen mit dem Endfaden einfach zunähen.
Muster 2 strickst du nun so lange, bis dein Shirt die gewünschte Länge bis unter dem Arm angenommen hat. Halte dir dafür dein Strickstück einfach vor den Körper und schau, ob es dir lang genug ist. Es gewinnt durch die Schulterschräge noch mal etwa 5 cm an Länge. Als Richtwert kannst du dir hier etwa 40 cm Höhe nehmen. Bei Kurzgrößen entsprechend kürzer, bei großen Menschen, entsprechend länger. Im abgebildeten Shirt haben wir Muster 2 15 Mal gestrickt. Dann beginnt das 3. Kapitel.

3. Kapitel: Die große Teilung

Teile nun dein Strickstück in Vorder- und Rückenteil indem du es an den Maschenmarkierern halbierst. Die Hälfte der Maschen wird stillgelegt.
Hier kannst du nun tiefenentspannt einfach bis in Höhe der in der Tabelle auf Seite 85 angegebenen Armausschnitthöhe einfach nur in Muster 1 stricken, ende dabei mit einer Rückreihe. Hast du das Vorderteil beendet, legst du auch hier wieder die Maschen still und strickst nun das Rückenteil auch nach Muster 1, jedoch 2 cm länger als dein Vorderteil.
Hast du nun Vorderteil und Rückenteil gestrickt, geht es auf zum 4. Kapitel, dabei schneidest du hinten den Faden NICHT ab.

4. Kapitel: Die große Zusammenkunft

Nimm nun alle Maschen wieder auf eine Nadel und stricke direkt mit dem Faden, der vom Rückenteil kommt, am Vorderteil weiter. Hänge dir dabei 2 Maschenmarkierer jeweils zwischen die Maschen am Treffpunkt von Vorder- und Rückenteil. Dann strickst du nur bis zur Mitte des Vorderteils. Du arbeitest nun weiter in Reihen, der Reihenbeginn ist dabei in der Mitte des Vorderteils.
Stricke nun nach Muster 3. Dabei nimmst du immer rechts und links der Maschenmarkierer ab, damit bildet sich die Schulternaht. Zusätzlich strickst du dabei vorn einen kleinen V-Ausschnitt. Du nimmst also pro Reihe 6 Maschen ab. Wenn die Maschen deines Vorderteils aufgebraucht sind und du nur noch die Maschen des Rückenteils auf der Nadel hast, kettest du die letzten Maschen ab und bist nun entweder fertig mit deinem Shirt oder falls du Ärmel möchtest, bereit für das 5. Kapitel.

5. Kapitel: Sich die Arme reichen

Nimm nun jeweils aus einer Krausrippe des Ärmelausschnittes deine Ärmelmaschen auf. Beginne damit dort, wo du Vorder- und Rückenteil getrennt hast. Stricke in Runden nach Muster 4 und hänge dir dabei am Rundenanfang einen Maschenmarkierer ein.
Muster 4 strickst du nun so lange, bis dein Ärmel die gewünschte Länge MINUS 5 cm hat – und deine Maschenzahl sollte durch 4 teilbar sein. Für die letzten 5 cm strickst du nach Muster 5. Am Ende noch alle M abketten und den zweiten Ärmel genauso arbeiten, schon ist aus dem Shirt ein schicker Pulli geworden.

Mach es zu deiner Story

Du kannst natürlich statt der kraus rechten Passe deines Pullis die Rückreihen links stricken und damit ein glatt rechts gestricktes Shirt bzw. einen Pulli werkeln. Hier empfehle ich dir, später die Kanten entweder mit einer schönen Borte zu umhäkeln oder die Maschen noch mal aufzunehmen und ein paar Runden kraus rechts oder im Rippenmuster dran zu stricken. Deinen Ärmel kannst du natürlich auch kraus rechts statt glatt rechts stricken.

Benutzte Techniken

KFB

Die Masche einmal rechts abstricken, jedoch nicht von der Nadel gleiten lassen, dann die gleiche Masche noch einmal rechts verschränkt abstricken.

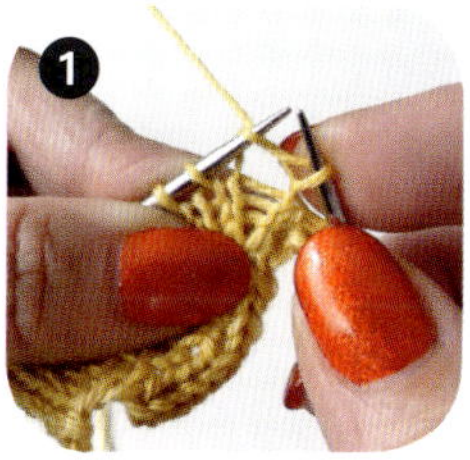

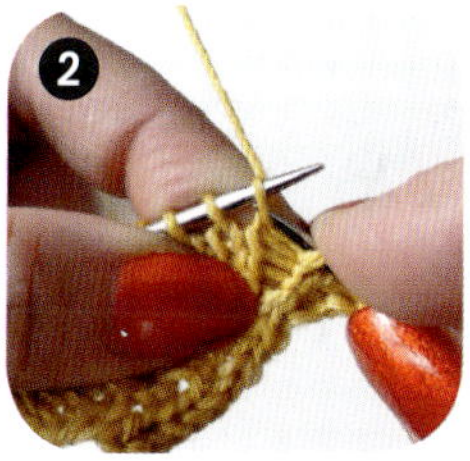

Maschen aus kraus rechtem Rand aufnehmen

Lege das Strickstück mit der rechten Seite nach oben vor dich hin, sodass die Seitenkante oben liegt. Nun von rechts nach links in die senkrecht stehende Masche mit der Nadel einstechen, den Faden holen und durch die Masche ziehen – 1 Masche wurde aus dem Rand aufgenommen.

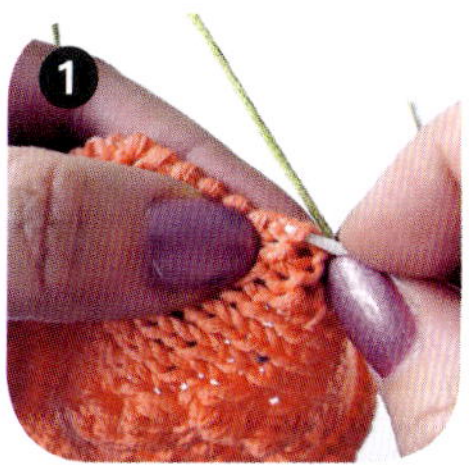

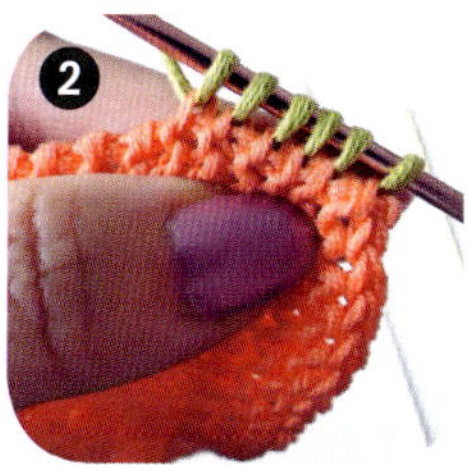

When two become one

Größe

34	36	38	40	42	44	46	48	50	52	54	56
90	95	100	105	110	115	120	125	130	140	150	155
Maschenanschlag											

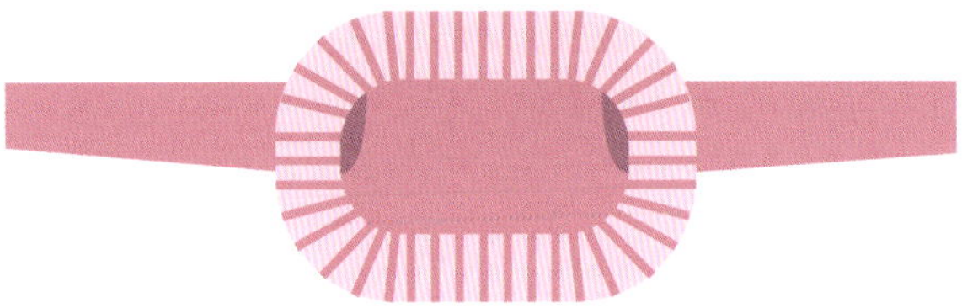

Material

Langärmlige Variante:
LANGYARNS Cashmere Cotton (LL 85 m/25 g) in Grau (Fb 03), 175 g und in Rosa (Fb 09), 150 g
Stricknadeln 4,0 mm und 3,5 mm

Kurzärmlige Variante:
Gedifra Cuor di Merino 210 (210 m/50 g) in Rot (Fb 12), 250 g
Stricknadeln 4,5 mm und 4,0 mm

Maschenprobe

Glatt rechts mit Nd 4,0 mm sind 24 M und 32 R = 10 cm x 10 cm

Deine Muster

Muster 1 in Reihen:
Kraus rechts. Hinreihe sowie Rückreihe alle M re stricken, auch die Randmaschen.

Muster 2 in Runden:
3 M re, 2 M li im Wechsel stricken.

Muster 3 in Runden:
Re Maschen in Runden für 4 cm Höhe, in der nächsten Runde die ersten und letzten 2 M re zusammenstricken, die restlichen M re.

Der schicke Bolero ist ein Alltagsbegleiter, der immer zur Verfügung steht, wenn es mal kühl wird. Ein einfaches Longsleeve drunter mit einer schicken Chino-Hose oder Jeans und schon bist du gerüstet fürs Büro. Du kannst ihn sowohl mit als auch ohne Ärmel stricken.

So passt's dir

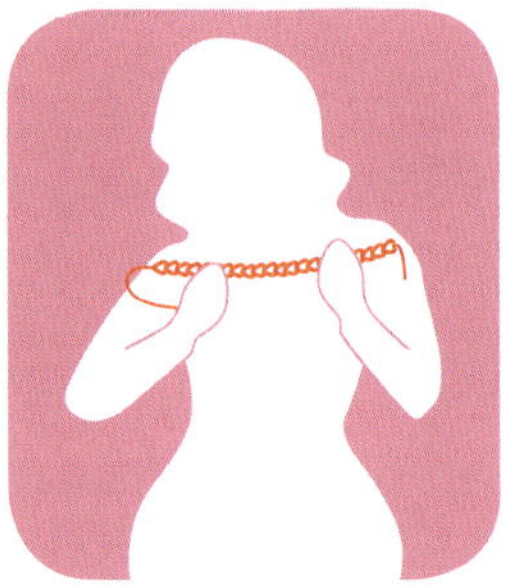

Verwendest du ein anderes Garn oder eine andere Größe, die nicht angegeben ist, kannst du deinen Start ganz einfach ermitteln. Mach einfach eine Luftmaschenkette, die so lang ist, dass sie dir großzügig von einer Schulter bis zur anderen reicht. Aus dieser Luftmaschenkette kannst du nun deine Maschen aufnehmen, sie bildet schon deinen provisorischen Maschenanschlag. Der Rest ergibt sich völlig von allein aus der Anleitung, du musst nichts weiter umrechnen.

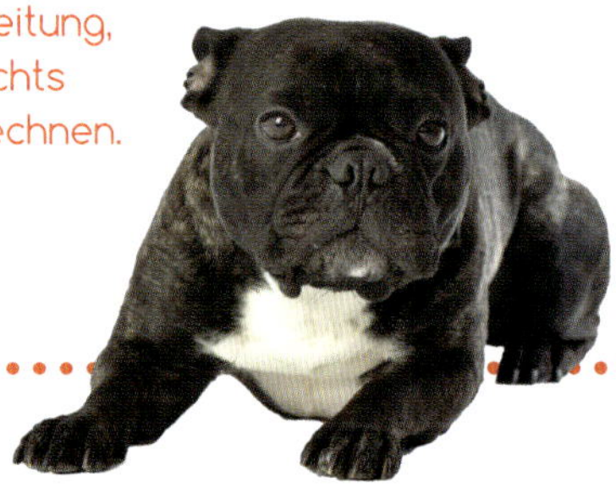

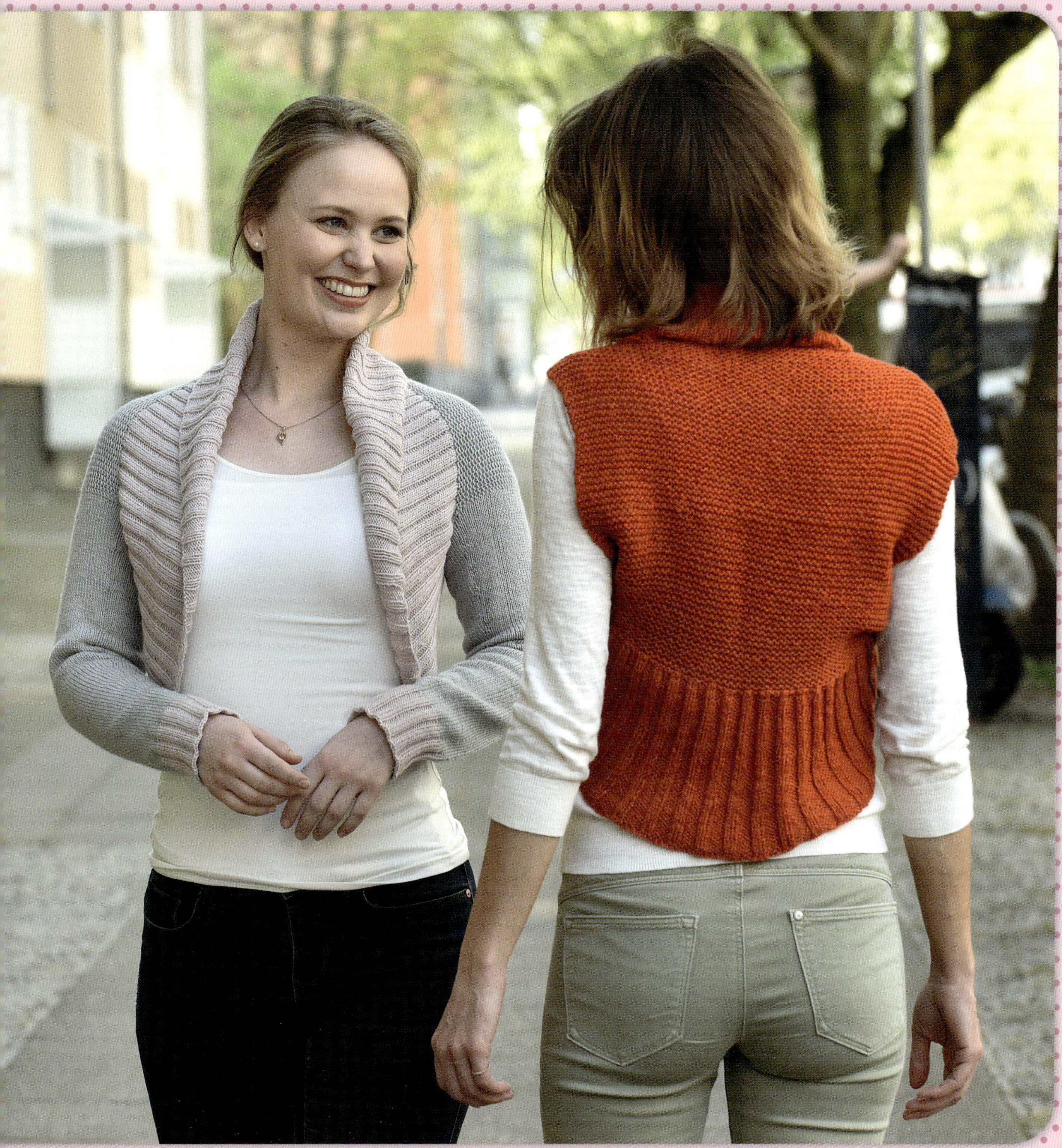

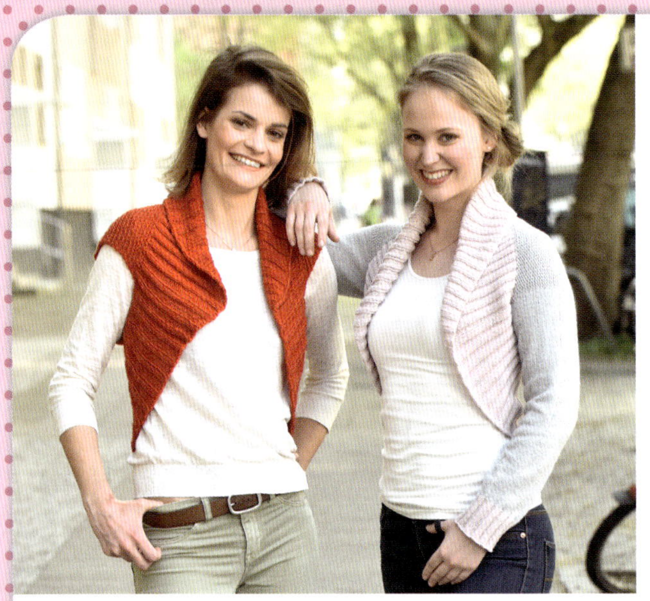

Die Story deines Strickstücks

Zunächst strickst du dein Rückenteil als Rechteck, dann bildet das Bündchen dein Vorderteil und deinen Kragen und zum Schluss werden noch die Ärmel dran gestrickt, sofern du welche möchtest ;). Dein Strickstück besteht aus 2 - 4 Kapiteln, je nachdem, ob du Ärmel möchtest, oder nicht.

1. Kapitel: Quadratisch, praktisch, kraus gestrickt

Häkle dir 90 Maschen mit einem Kontrastgarn auf und nimm nun Farbe A (grau) zur Hand.
Jetzt geht es locker flockig einfach im Muster 1 nur mit rechten Maschen auf der Hin- und Rückreihe hin und her.
Wiederhole also Muster 1 so lange, bis du 36 cm Höhe hast, dann bist du bereit für das 2. Kapitel ;).

2. Kapitel: Immer schön im Kreis herum, dideldum

Hast du Kapitel 1 beendet, löst du nun den provisorischen Maschenanschlag auf und fängst deine Maschen auf. Jetzt nimmst du Farbe B (rosa) und strickst in Runden weiter – zunächst eine Runde rechte Maschen. In der nächsten Runde verdoppelst du alle M, das kannst du durch ein KFB tun oder durch eine Zunahme aus dem Querfaden.
Nun strickst du immer im Kreis und wiederholst dabei Muster 2. Das ergibt ein Rippenmuster mit 2 unterschiedlichen Seiten. Spannend wird es hier, wenn du die Variante mit der Luftmaschenkette gewählt hast und deine Maschenzahl nicht durch 5 teilbar ist. Dann hast du 2 Möglichkeiten: Du nimmst die erforderlichen Maschen für den Rapport zu oder ab, je nachdem, was dichter an der durch 5 teilbaren Zahl dran ist. Oder du lässt es so, wie es ist, dann versetzen sich automatisch deine Rippen immer um 1, 2, 3 oder 4 Maschen, was entweder einen falschen Zopf oder ein Spiralmuster ergibt. Lass dich hier einfach fallen.
Wiederhole Muster 2 für 18 cm Höhe, kette dann alle Maschen locker ab. Nun hast du entweder eine Weste, die du nach dem Fäden vernähen gleich anziehen kannst, oder du machst weiter mit dem 3. Kapitel, wenn du eine Jacke mit Ärmeln möchtest.

3. Kapitel: Ein Ärmel oder 2, das ist ganz Einerlei

Nimm nun mit Farbe A aus den Randmaschen deines rechten Rückenteils, jeweils aus einem Knoten eine Masche auf, beginne dabei an der Stelle, wo sich die Anschläge treffen, also da, wo dein Kragen angestrickt ist. Nun strickst du in Runden, hänge dir dabei in den Rundenanfang einen Maschenmarkierer ein.
Muster 3 wiederholst du nun so lange, bis dein Ärmel die gewünschte Länge hat. Du kannst hier also einen halben Ärmel machen, oder 3/4 Ärmel arbeiten oder auch einen langen Ärmel, das machst du ganz, wie dir beliebt. Bedenke, dass du den Ärmel bis 6 cm vor der gewünschten Endlänge strickst, denn zum Schluss kommt noch das 4. Kapitel, das Ärmelbündchen.

4. Kapitel: Der Ärmel wird ganz fein, strickst du ihm ein Bündchen ein

Für das 4. Kapitel muss nun deine Maschenzahl durch 5 teilbar sein, das kannst du in der letzten Runde davor noch durch ein paar Zunahmen oder Abnahmen justieren, am besten direkt am Rundenanfang.

Machst du das nicht, ist das auch kein Beinbruch, denn dann passiert das gleiche, wie im 2. Kapitel beschrieben, wenn man mit einer anderen Wolle bzw. Maschenzahl strickt.

Für das 4. Kapitel strickst du nun einfach Muster 2 für 6 cm Länge und schon kannst du locker abketten.

Den zweiten Ärmel strickst du ganz genau wie den ersten aus den Randmaschen deines linken Rückenteils, also Kapitel 3 und 4 noch einmal wiederholen und schon ist dein neues Lieblingsstück fertig.

Mach es zu deiner Story

Du kannst dein Rückenteil zum Beispiel in Streifen stricken oder du strickst Streifen im Kragen, so kommt noch mal zusätzlicher Pepp ins Gestrick. Dein Muster 2 kannst du auch abwandeln, indem du 1 Masche insgesamt in der Runde weniger hast, so versetzt sich das Muster jeweils immer um 1 Masche und du erhältst Spiralrippen.

Benutzte Techniken

Maschen aus kraus rechtem Rand aufnehmen

Lege das Strickstück mit der rechten Seite nach oben vor dich hin, sodass die Seitenkante oben liegt. Nun von rechts nach links in die senkrecht stehende Masche mit der Nadel einstechen, den Faden holen und durch die Masche ziehen – 1 Masche wurde aus dem Rand aufgenommen.

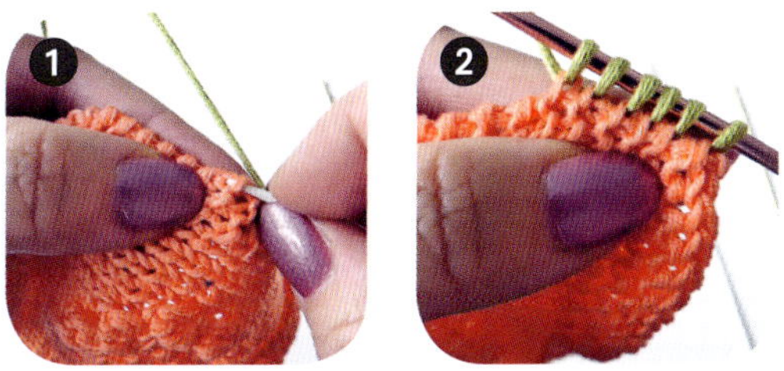

Provisorischer Anschlag gehäkelt

Nimm mit einer Häkelnadel und einem Kontrastfaden Maschen auf die Stricknadel auf, indem du die Stricknadel auf den Arbeitsfaden legst und dann mit der Häkelnadel eine Luftmasche um die Stricknadel häkelst. Die letzte Masche wird nicht auf die Nadel gelegt, sondern der Faden getrennt und eine lose Luftmasche gehäkelt.

Nun kann mit dem Hauptgarn gestrickt werden wie angegeben. Zum Auflösen werden zunächst alle Maschen auf die Stricknadel genommen, indem jeweils das rechte Beinchen der Maschen aufgefangen wird.

Nun kann die letzte Luftmasche aufgelöst werden und der Konstrastfaden leicht heraus gelöst werden.

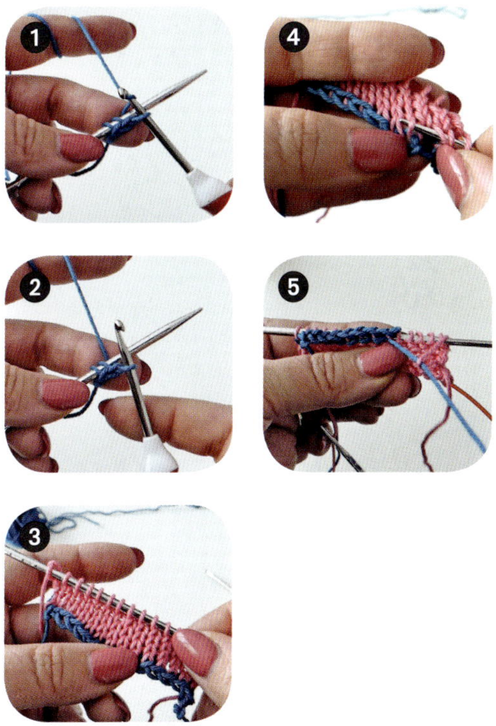

Happy day Hoodie

Größe

34 - 56 individuell anpassbar

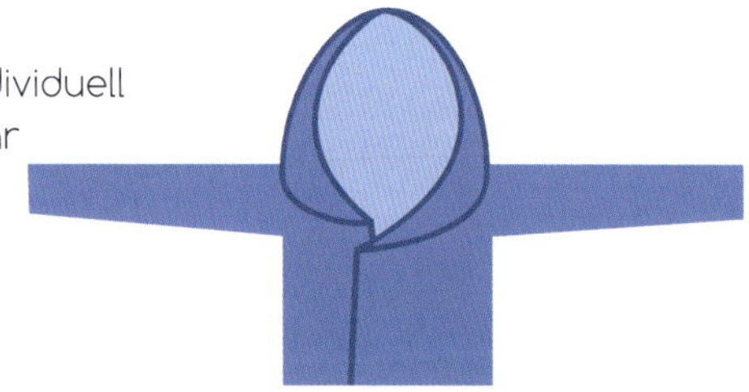

Material

Crasy Denim light (LL 130 m/50 g) in Blau (Fb 17), 300 g und in Wollweiß (Fb 11), 350 g
Stricknadeln 3,5 mm

Maschenprobe

Glatt rechts mit Nd 3,5 mm sind 22 M und 28 R = 10 cm x 10 cm

Deine Muster

Muster 1 in Reihen:

1. Reihe: 1. M abheben, alle M rechts.
2. Reihe: 1. M abheben, alle M links.
3. Reihe: 1. M abheben, alle M links.
4. Reihe: 1. M abheben, alle M rechts.

Muster 2 in Reihen:

1. Reihe: KFB, re Maschen bis Ende.
2. Reihe: PFB, li M bis Ende.

Muster 3 in Reihen:

1. Reihe: 1. M abheben, re M bis 1 M vor dem Ende, rechts anstricken.
2. Reihe: 1. M abheben, li M bis 1 M vor dem Ende, links anstricken.

Muster 4 in Reihen:

1. Reihe: 1. M abheben, re M bis bis 1 M vor dem Ende, rechts anstricken.
2. Reihe: 1. M abheben, li M bis 1 M vor dem Ende, links anstricken.
3. Reihe: 1. M abheben, li M bis 1 M vor dem Ende, rechts anstricken.
4. Reihe: 1. M abheben, re M bis bis 1 M vor dem Ende, links anstricken.

Muster 5 in Reihen:

1. Reihe: 1. M abheben, re M bis zum Reihenende, 1 M aus dem Rand der Armöffnung aufnehmen.
2. Reihe: 1. M abheben, li M bis zum Reihenende, 1 M aus dem Rand der Armöffnung aufnehmen.

Die schicke Kapuzenjacke ist ein echter Hingucker, nicht nur für Damen, sondern auch für unsere Männer. Du kannst die Länge dabei ganz leicht variieren und aus der Jacke zum Beispiel auch einen Mantel, ein kurzes Taillenjäckchen oder eine Weste machen, sogar ohne Kapuze kannst du sie stricken und das Ganze mit der gleichen Konstruktion – cool, oder?

So passt's dir

Die Jacke passt immer, egal aus welcher Wolle du sie strickst. Alles beginnt mit dem Schal, der muss die Breite eines halben Vorderteils haben. Wenn du also ein anderes Garn nimmst, dann musst du nur den Schal in der angegeben Breite arbeiten, der Rest ergibt sich aus der Konstruktion ganz von selbst.

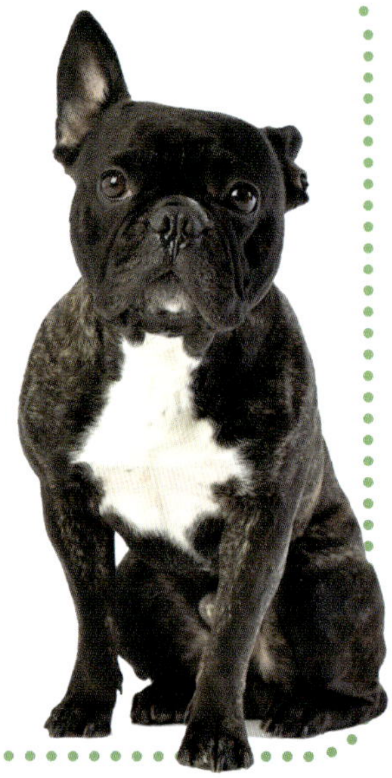

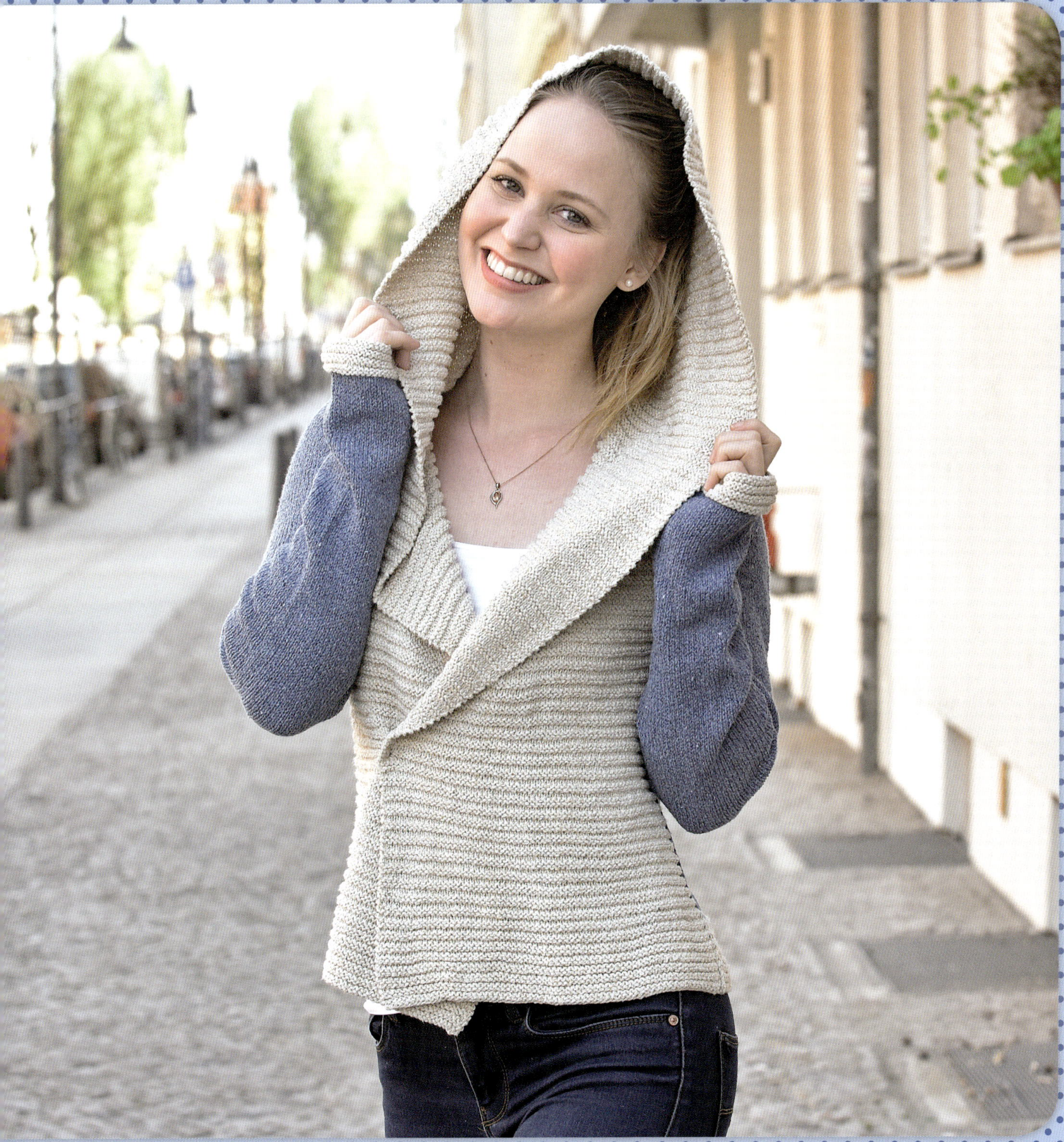

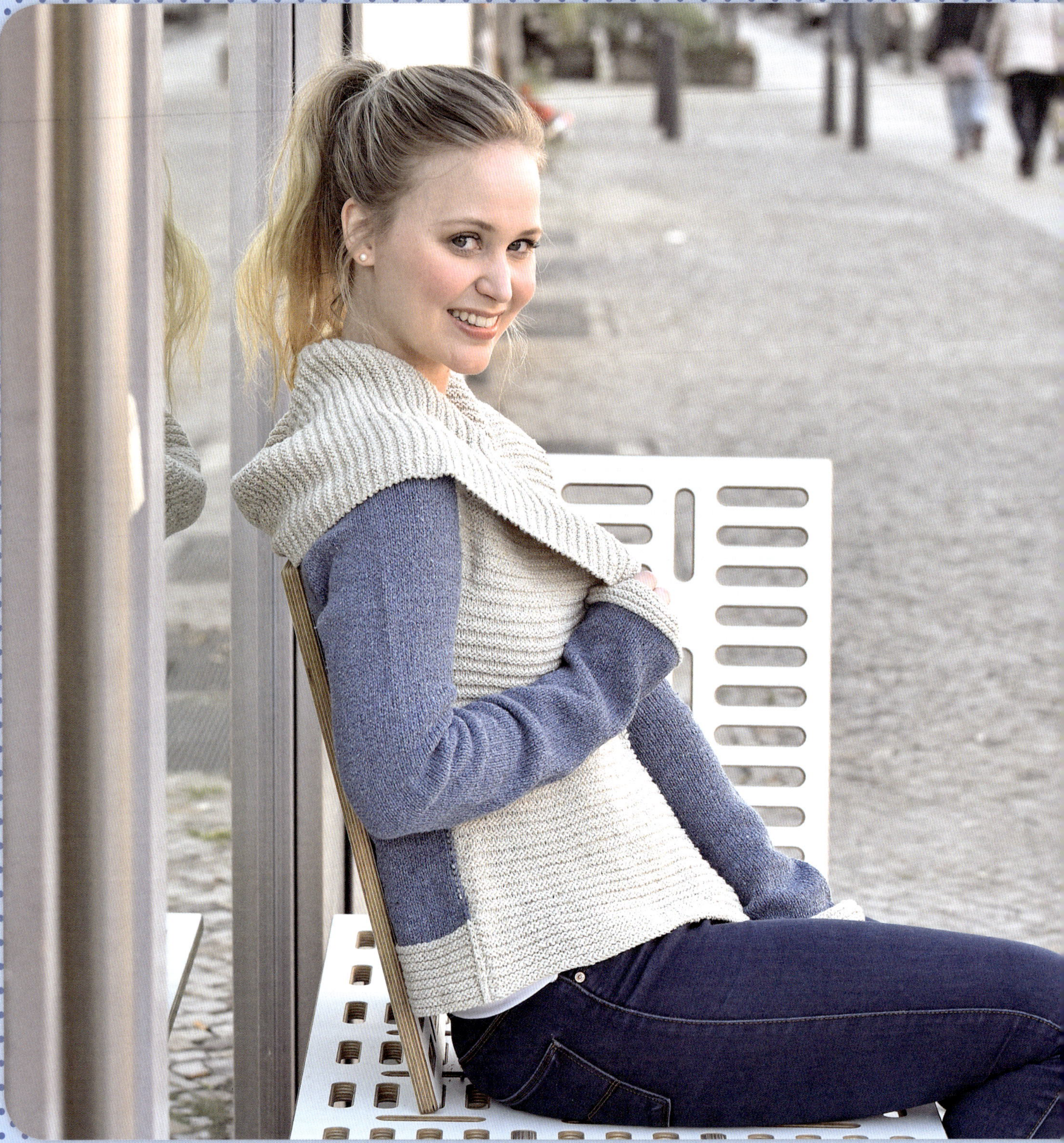

Die Story deiner Jacke

Du beginnst mit einem breiten Schal, der gleichzeitig deine Vorderteile und deine Kapuze bildet.
Danach wird das Rückenteil angestrickt und zum Schluss werden noch die Ärmel gearbeitet.
Deine Story besteht aus 4 Kapiteln.

1. Kapitel: Ein Schal für alle Fälle

Schlage 65 Maschen in Farbe A (wollweiß) für Gr. 38 - 44 an und stricke nach Muster 1.

Muster 1 strickst du nun so lange, bis der Schal, einmal um den Kopf gelegt und vorn herunter hängend die gewünschte Endlänge deiner Jacke hat. Als Richtwerte kannst du hier nehmen – für eine Taillenjacke 160 cm – für eine hüftlange Jacke 190 cm und für einen Kurzmantel 220 cm. Hast du die passende Länge erreicht, kettest du alle Maschen in einer Rückreihe locker ab und bist bereit für das 2. Kapitel.

Möchtest du die Kapuze weglassen, so strickst du den Schal nur so lang, dass er die passende Länge hat, wenn du ihn um den Hals legst. Wenn du keine Kapuze möchtest, dann überspringst du das 2. Kapitel und darfst direkt mit dem 3. Kapitel weitermachen. Ohne Kapuze ist die Gesamtlänge des Schals etwa 60 cm kürzer als oben angegeben.

2. Kapitel: Vom Schal zur Kapuze

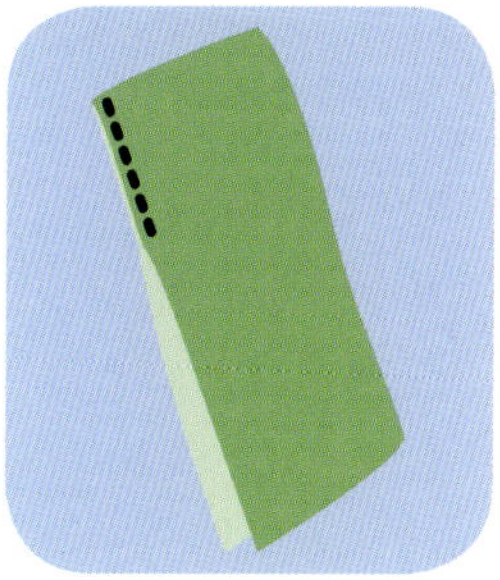

Falte deinen Schal einmal in der Mitte. Achte darauf, dass beide Seiten gleich lang sind, das kannst du gut an den Rippen abzählen. Nun nähst du vom Falzpunkt ab eine 30 cm lange Strecke nach unten zu. Zum Schluss am Ende den Faden gut vernähen und schon bist du bereit für das 3. Kapitel.

3. Kapitel: Ein schöner Rücken kann auch entzücken

Nimm in Farbe B (blau) aus den Randmaschen rechts und links von der Schließnaht jeweils über 10 cm die Maschen von rechts nach links aus den Randmaschen auf. Folge danach Muster 2 so lange, bis dein Rückenteil die volle Breite des Rückens laut Tabelle auf Seite 85 hat. Am Besten steckst du die Rückenbreite einmal an den Schal und probierst es an, ob es dir breit genug ist oder mehr Breite braucht.
Ist die Rückenbreite erreicht, dann wird das Rückenteil nun auf den Schal gelegt und ab der Stelle, wo sich beide treffen wird nun das Rückenteil an das Vorderteil angestrickt, dabei Muster 3 folgen.
Muster 3 wird nun so lange wiederholt, bis noch jeweils 32 Randmaschen vom Schal übrig sind. Nun folgst du Muster 4 in Farbe A und strickst damit wieder im Schalmuster an.
Hast du alle Randmaschen aufgebraucht, kettest du auf der Rückreihe ab und bist schon bereit für das 4. Kapitel.

4. Kapitel: Ärmel lang – was für ein Fang

Nimm von der Schulter ausgehend in Farbe B 5 Maschen auf (3 Maschen aus dem Rand des Schals, 2 Maschen aus dem Rand des Rückens). Folge nun Muster 5, bis du aus allen Randmaschen der Armöffnung eine Masche aufgenommen hast.

Hast du aus allen Randmaschen 1 Masche aufgenommen (im Beispiel 74 M), schließt du unter der Achsel zur Runde. Stricke in Runden glatt rechts weiter und nimm alle 4 cm 2 Maschen ab (im Beispiel Abnahmen in jeder 12. R) bis 56 M übrig bleiben, das sind etwa 2/3 der Ärmellänge. Das letzte Drittel des Ärmels strickst du ohne Abnahmen glatt rechts in Runden (im Beispiel 48 Reihen).
Für das Ärmelbündchen strickst du in Farbe A 4x Muster 1 in Runden. Kette bei der 4. Wiederholung in Runde 3 ab.

Benutzte Techniken

Maschen aus glatt rechtem Seitenrand aufnehmen

Lege das Strickstück mit der rechten Seite nach oben vor dich hin, sodass die Seitenkante oben liegt. Nun mit einer von rechts nach links in eine quer liegende Schlaufe mit einer Hilfsnadel einstechen und die Schlaufe auf die Nadel nehmen – 1 Masche wurde aus dem Rand aufgenommen. Nimm jeweils aus 3 quer liegenden Maschen 2 Maschen auf. Am Ende kannst du diese Maschen einfach mustergemäß abstricken.

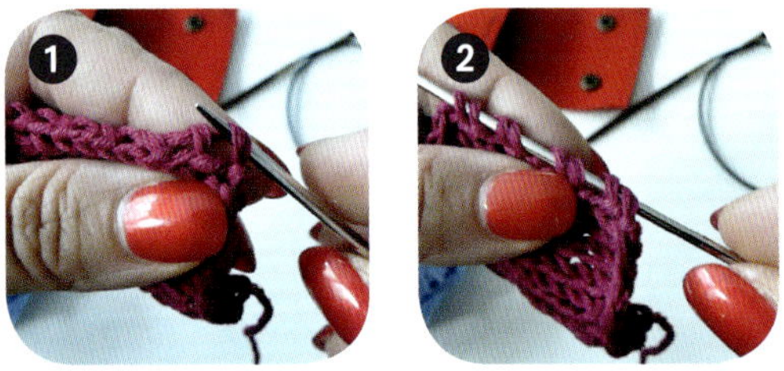

Mach es zu deiner Story

Du kannst die Jacke entweder mit oder ohne Kapuze stricken. Auch einfarbig sieht sie toll aus. Wenn du den Schal beispielsweise in Farbstreifen strickst, bekommst du noch einmal einen ganz anderen Look. Auch ein kleines Stickmuster auf dem Rücken oder ein Schriftzug gibt noch mal mehr Individualität.

Matratzenstich

Die Strickstücke so vor dich hinlegen, dass dich die rechte Seite ansieht. Nun mit dem langen Anfangsfaden von links kommend im rechten Strickstück in das V der Randmasche einstechen und aus dem V der darüber liegenden Randmasche wieder ausstechen. Dann auf dem linken Strickstück ebenfalls in das erste V einstechen und im darüber liegenden V wieder ausstechen. Jetzt wieder auf der rechten Seite einstechen und zwar in das V, in welchem du zuvor ausgestochen hast, und in der darüber liegenden Masche wieder ausstechen. Das gleiche auf der linken Seite machen. So jeweils im Zickzack über beide Teile arbeiten, bis man oben angekommen ist. Zwischendurch den Faden immer wieder anziehen, damit sich beide Seiten verbinden.

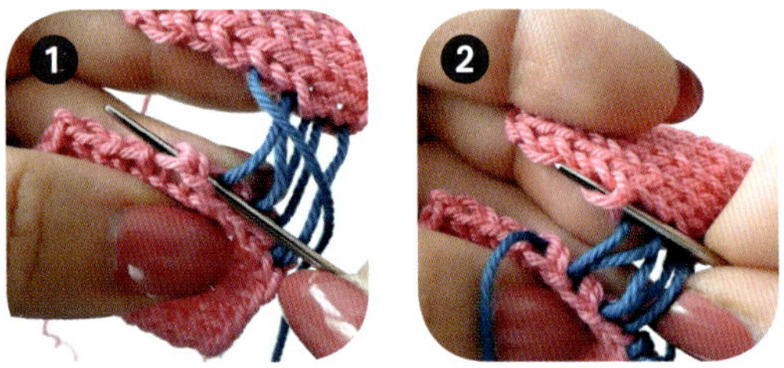

Maschen anstricken

Nimm zunächst die zum Strickstück zeigende Hälfte der Randmaschen von oben nach unten auf deine Stricknadel auf.

Für das Anstricken am linken Seitenrand nun in der Hinreihe die Maschen bis vor die letzte Masche im Muster stricken. Nun die letzte Masche wie zum Rechtsstricken abheben, dann die Randmasche aus dem Seitenrand des anderen Strickstücks rechts stricken, nun die abgehobene Masche überziehen.

Für das Anstricken am rechten Seitenrand in der Rückreihe die Maschen bis vor die letzte Masche im Muster stricken. Nun die letzte Masche mit der daneben liegenden Randmasche des anderen Strickstücks links zusammenstricken.

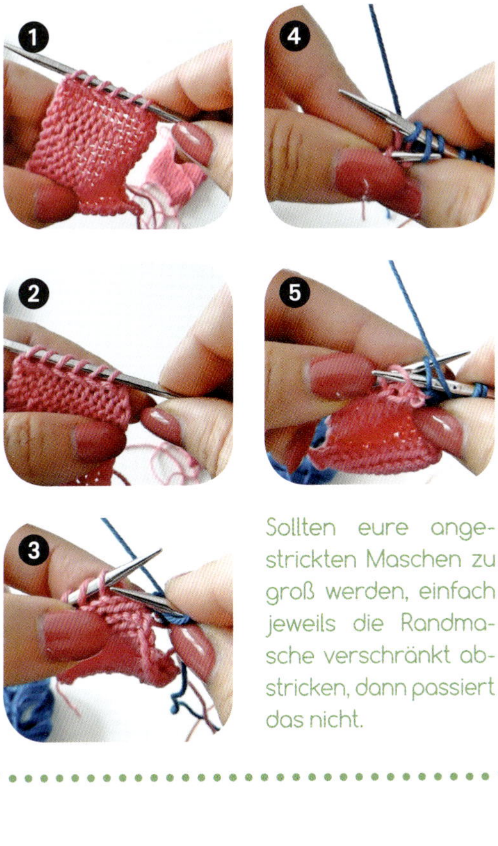

Sollten eure angestrickten Maschen zu groß werden, einfach jeweils die Randmasche verschränkt abstricken, dann passiert das nicht.

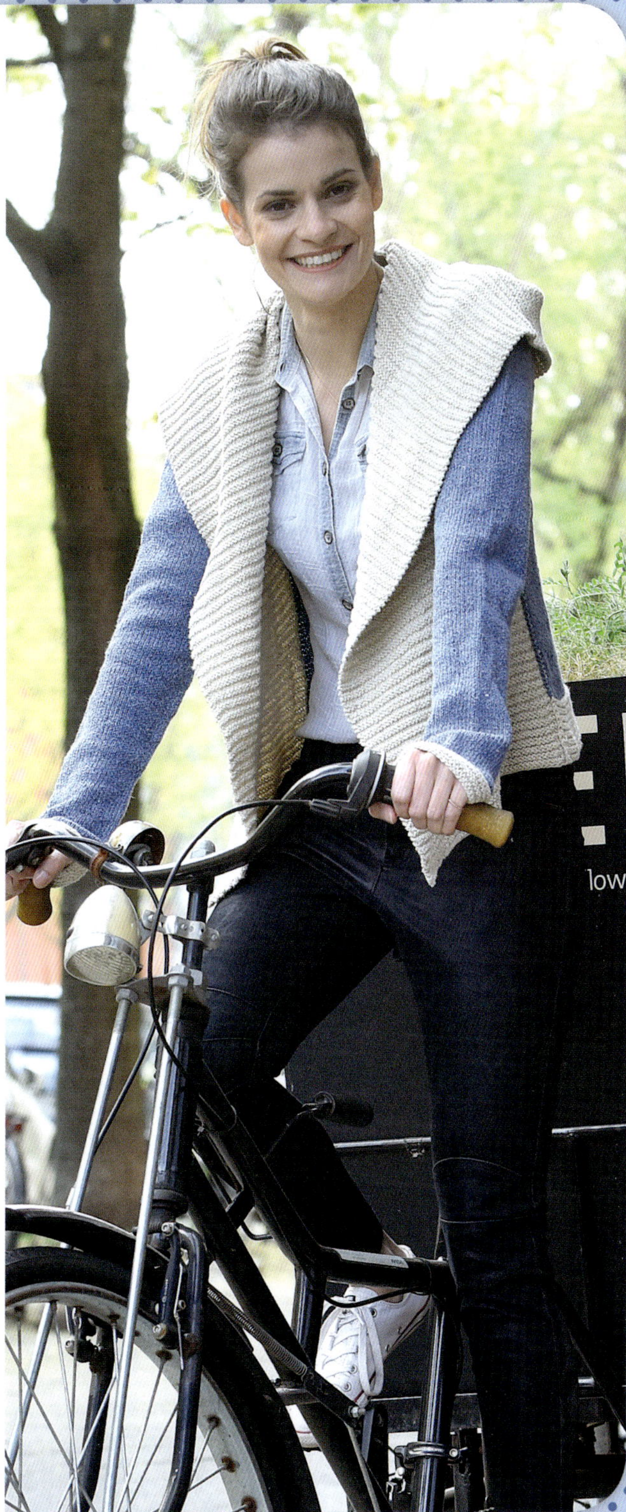

CoSy Autumn

Ein Swoncho ist die Verbindung aus einem Sweatshirt und einem Poncho. Ein Poncho mit Ärmeln also, super bequem und sowohl als wärmender Überwurf als auch an kühlen Tagen als bequemer Pulli zu tragen.

Größe

Einheitsgröße

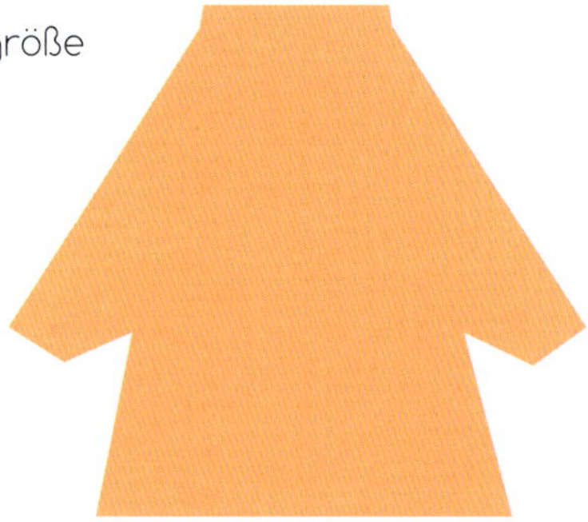

Material

Schachenmayr Soft Shimmer (LL 125 m/25 g) in Blue Diamond (Fb 00050), 175 g, und Golden Girl (Fb 00025), 200 g
Stricknadeln 4,0 mm

Maschenprobe

Glatt rechts mit Nd 4,0 mm sind 21 M und 31 R = 10 cm x 10 cm

Deine Muster

Muster 1 Farbe A (Blue Diamond) in Runden:
1. Runde: Re M stricken,
2. Runde: KFB in die M re und li der MM, alle restlichen M re stricken.
3. Runde: Re M stricken.

Muster 2 Farbe B (Golden Girl) in Runden:
1. Runde: Re M stricken,
2. Runde: KFB in die M re und li der MM, alle restlichen M re stricken.
3. Runde: Re M stricken.

Muster 3 in Runden:
2 M re, 2 M li im Wechsel.

Die Story deines Strickstücks

Dein Swoncho wird von oben nach unten in einem Stück gestrickt. Am Ende teilen wir die Ärmel ein wenig ab und stricken dort noch ein wenig weiter. Dabei arbeitest du mit 2 Farben und einer Farbsequenz. Dein Werk besteht aus 4 Kapiteln.

1. Kapitel: Der Kopf muss durch ...

Schlage 88 Maschen in Farbe A an, schließe sie zur Runde. Jetzt kannst du 11 Runden drehen im Muster 1 Masche rechts, 1 Masche links, dann bist du bereit für das 2. Kapitel.

Tipp

Wenn dir das Schließen zur Runde schwer fällt und du Angst vorm Verdrehen der Maschen hast, stricke zuerst eine Hin- und Rückreihe im Muster und schließe erst dann zur Runde. So kannst du prima sehen, wie die Maschen liegen und sie entspannt zur Runde schließen. Die kleine Lücke nähst du dabei ganz einfach mit dem Anfangsfaden beim Vernähen zusammen, das ist nur ein Stich und damit total unsichtbar.

2. Kapitel: Zicke-Zacke-zugenommen – erst schnell, dann immer langsamer

Als erstes strickst du jetzt eine Runde glatt rechts und markierst dir dabei jede 11. Masche, nun beginnen deine Muster.
Stricke zunächst 1 Mal Muster 1 und 1 Mal Muster 2. Jetzt wiederholst du abwechselnd die Muster 1 und 2, aber strickst dabei jedes Muster von Wiederholung

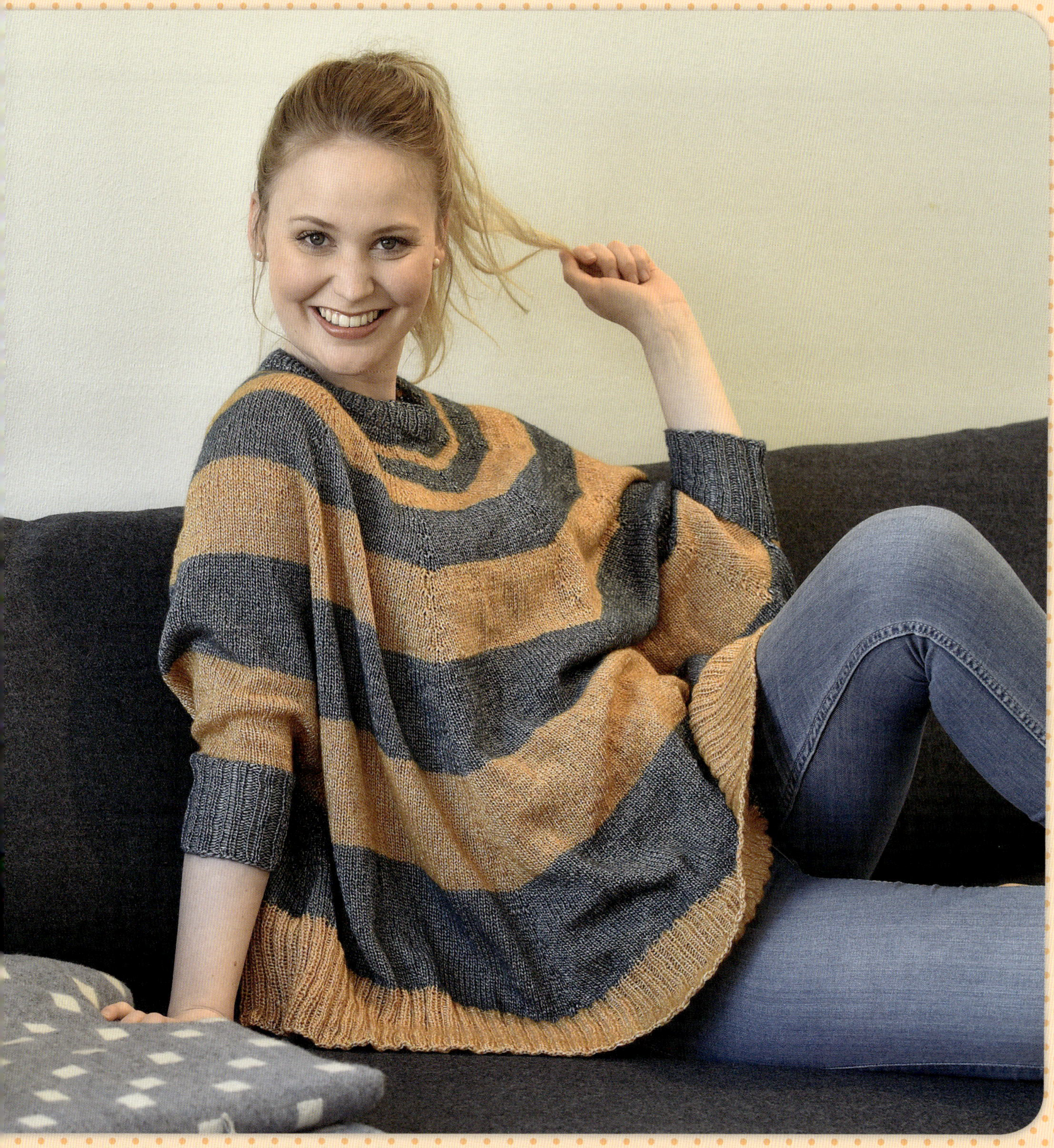

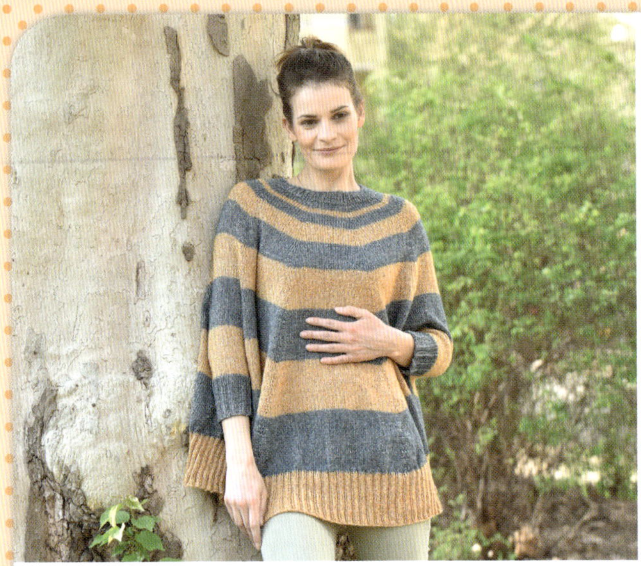

zu Wiederholung 1 Mal mehr, also 2 Mal Muster 1, gefolgt von 3 Mal Muster 2, gefolgt von 4 Mal Muster 1, dann 5 Mal Muster 2 und so weiter.
Wiederhole deine Muster, bis dein Strickstück für Größe 38 - 42 an der Zunahmestelle ca. 50 - 60 cm misst und für Größe 44 - 48 ca. 65 - 75 cm, und du die Wiederholung von Muster 2 beendet hast.

3. Kapitel: Auch die Arme wollen ihren Platz

Strick nun eine Runde und leg dabei am Rundenanfang und in der Rundenmitte jeweils 48 M auf einem Maschenraffer oder einem Hilfsfaden still und zwar jeweils in der Mitte von den 2 Maschenmarkierern und nachdem du sie gestrickt hast.
Stricke jetzt weiter in Runden über die restlichen Maschen die Wiederholung von Muster 1 bis zum Ende mit allen Zunahmen, dann bist du bereit für das 4. Kapitel.

4. Kapitel: Bündchen dran ist das, was jeder kann

Stricke nun nach Muster 3 das Bündchen für den Körper in Farbe B und die Ärmel in Farbe A für jeweils 15 - 20 cm. Am Ende der Bündchen jeweils alle M locker abketten und schon kann er angezogen werden, der Swoncho.

Mach es zu deiner Story

Natürlich kannst du den Swoncho nur einfarbig stricken oder mit gleich breiten Streifen. Du kannst auch mehr Farben nehmen, fühl dich frei beim Spiel mit Farben oder Materialien. Auch unterschiedliche Wollbeschaffenheiten wie glattes Garn in Kombination mit Flauschgarn sieht hier toll aus.

Benutzte Techniken

KFB

Die Masche einmal rechts abstricken, jedoch nicht von der Nadel gleiten lassen, dann die gleiche Masche noch einmal rechts verschränkt abstricken.

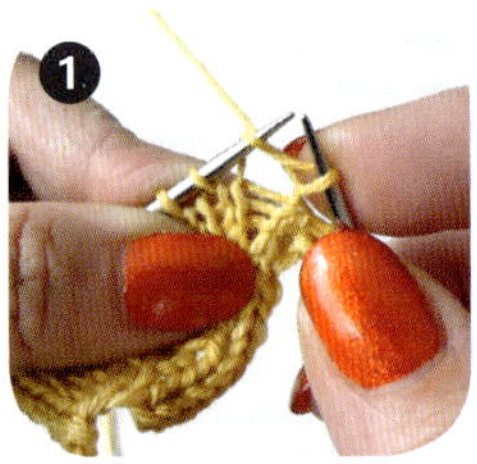

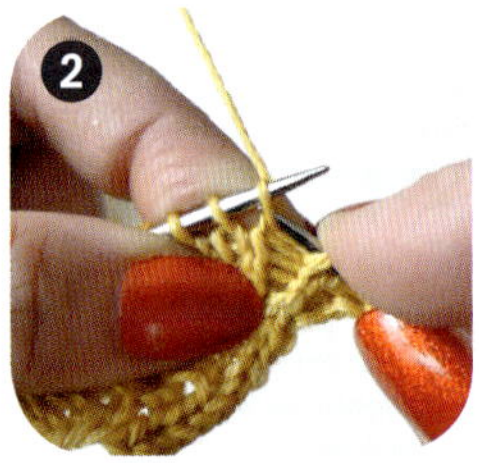

So passt's dir

Der Swoncho hat eine Einheitsgröße und passt immer, praktisch oder? Die kleinen Hummelchen unter uns müssen ihn nur ein paar cm länger stricken und schon passt alles. Dafür würde ich ihn zwischendurch einfach ab und zu anprobieren.

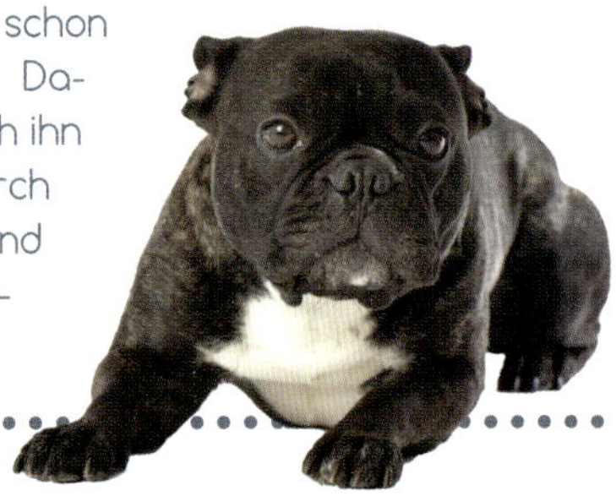

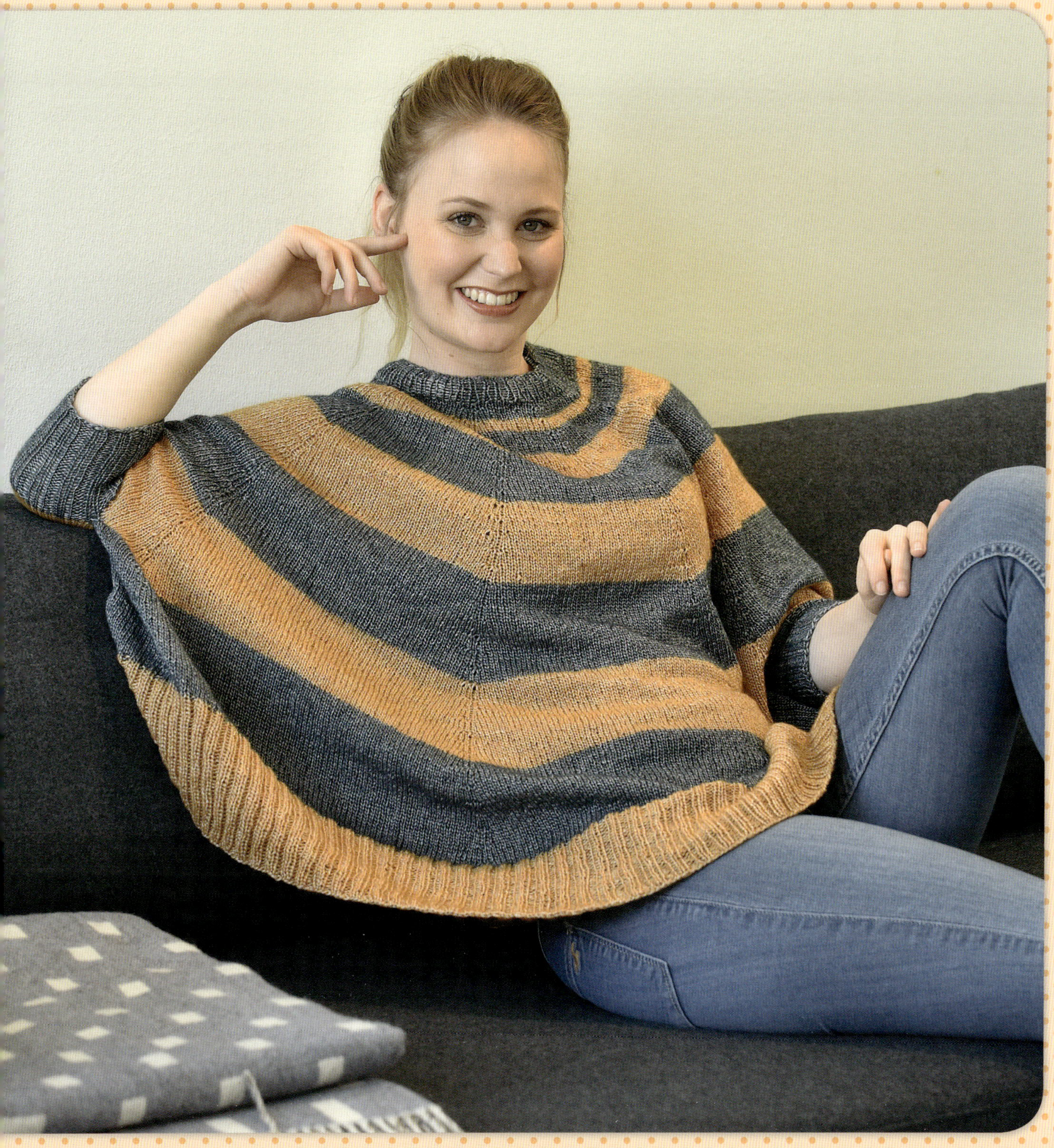

Waiting for Summer

Größe

34	36	38	40	42	44	46	48	50	52	54	56
235	235	235	240	240	250	255	265	265	280	280	280
Maschenanschlag											

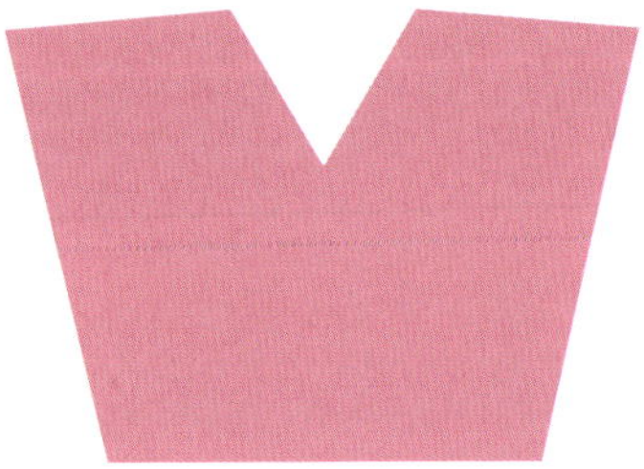

Material

Atelier Zitron Yak (LL 500 m/100 g) in Anthrazit (Fb 11), 200 g
Stricknadeln 4,0 mm

Maschenprobe

Glatt rechts mit Nd 4,0 mm sind 24 M und 32 R = 10 cm x 10 cm

Deine Muster

Muster 1 in Reihen:
Kraus rechts. Hinreihe sowie Rückreihe alle M re stricken, auch die Randmaschen.

Muster 2 in Reihen:
Hinreihe: *1 M re, 2 M re zusammenstricken (ReZ), 1 U* enden mit 2 M re.
Rückreihe: Alle M re stricken.

Muster 3 in Reihen:
1. Reihe, Hinreihe: 8 M li, re M bis Ende stricken.
2. Reihe, Rückreihe: 8 M re, linke M bis Ende stricken.
3. Reihe, Hinreihe: 8 M li, KFB, re M bis Ende stricken.
4. Reihe, Rückreihe: 8 M re, PFB li M bis zum Ende stricken.

Muster 4 in Reihen:
1. Reihe, Hinreihe: 8 M li, ReZ (2 M re zusammenstricken), re M bis Ende stricken.
2. Reihe, Rückreihe: 8 M re, LiZ (2 M li zusammenstricken), li M bis Ende stricken.
3. Reihe, Hinreihe: Re M stricken.
4. Reihe, Rückreihe: Li M stricken.

Das leger sitzende Shirt wird vorn mit Bändern geschlossen. So kann der Ausschnitt ganz leicht in der Tiefe angepasst werden. Mit schönen Kordeln oder Bändern kannst du noch besondere Akzente setzen.

So passt's dir

Wenn du ein anderes Garn nimmst, kannst du die Größe leicht ermitteln und anpassen. Nimm dir am besten ein T-Shirt, welches von der Länge her so ist, wie du es für dein Shirt möchtest. Mache eine Luftmaschenkette, die doppelt gelegt vom Saum des Shirts bis hoch zur Schulter reicht. Diese Luftmaschenkette kannst du zählen, dann weißt du, wieviele Maschen du anschlagen musst. Natürlich kannst du die Maße deiner Größe auch in den CraSy Maschenrechner unter **www.crasy.world/tools** eingeben und dir das auf dein Garn ausrechnen lassen – die eigene Maschenprobe ist dabei unabdinglich ;)

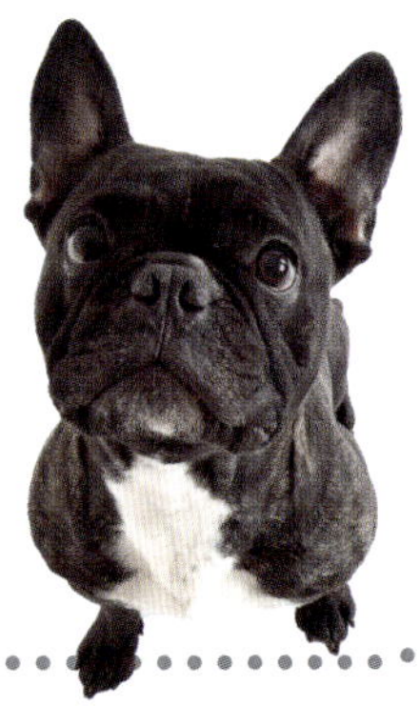

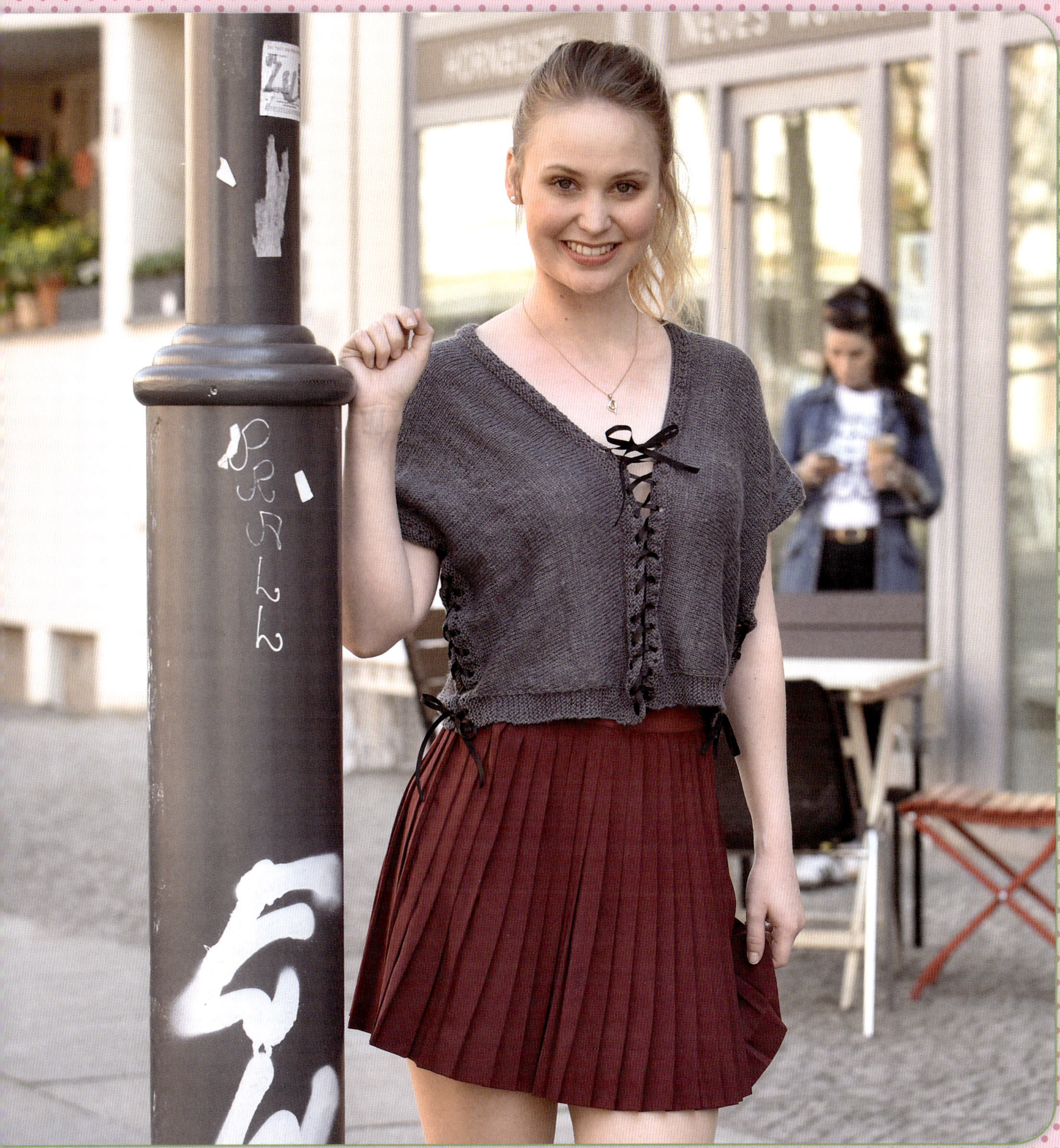

Benutzte Techniken

KFB

Die Masche einmal rechts abstricken, jedoch nicht von der Nadel gleiten lassen, dann die gleiche Masche noch einmal rechts verschränkt abstricken.

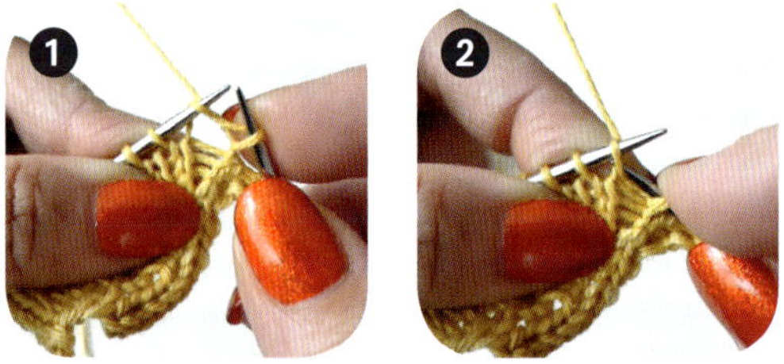

PFB

Die Masche einmal links stricken, jedoch nicht von der Nadel gleiten lassen, dann die gleiche Masche noch einmal links verschränkt abstricken.

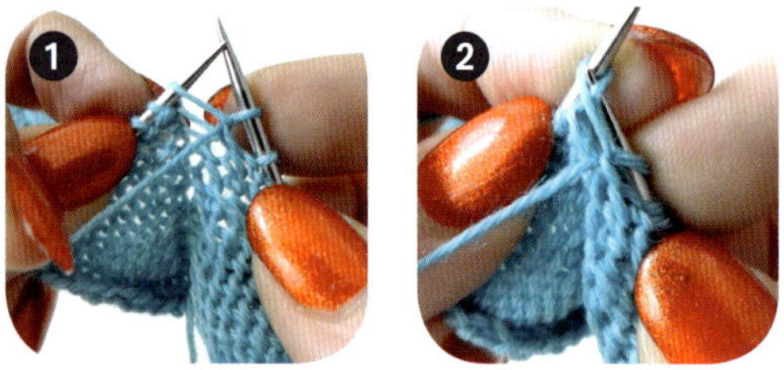

Die Story deines Shirts

Das Shirt wird quer gestrickt, in der Mitte wird das Vorderteil geteilt und dann wieder aufgenommen. Am Ende werden die Teile mit Schnüren oder Kordeln geschlossen, wer das nicht mag, kann natürlich auch gern nähen. Die Breite deines Shirts kannst du leicht anpassen. Die Geschichte ist in 5 Kapiteln erzählt.

1. Kapitel – Loch an Loch und hält doch

Schlage die Maschen in deiner Größe laut Tabelle auf Seite 36 an und stricke zuerst 4 Reihen Muster 1, dann einmal Muster 2 und noch mal 4 Reihen Muster 1. Du hast also 2 Krausrippen gestrickt, eine Lochreihe und noch mal 2 Krausrippen.
Hast du das 1. Kapitel beendet, bist du bereit für das 2. Kapitel.

2. Kapitel: Einmal quer, das ist nicht schwer

Hier wird nun die Breite deines Shirts gestrickt. Dafür wiederholst du Muster 3 so lange, bis du die gewünschte Höhe erreicht hast (bei Gr 42 etwa 25 cm). Das sind aus dem angegebenen Garn 20 Wiederholungen. Das Shirt ist für einen lockeren Sitz konzipiert, du kannst hier leicht die Weite anpassen. Nimm dir ein Shirt, welches den von dir bevorzugten Sitz hat und lege dein Strickstück darauf. Wenn du 2 cm von der Mitte entfernt bist, bist du bereit für das 3. Kapitel.

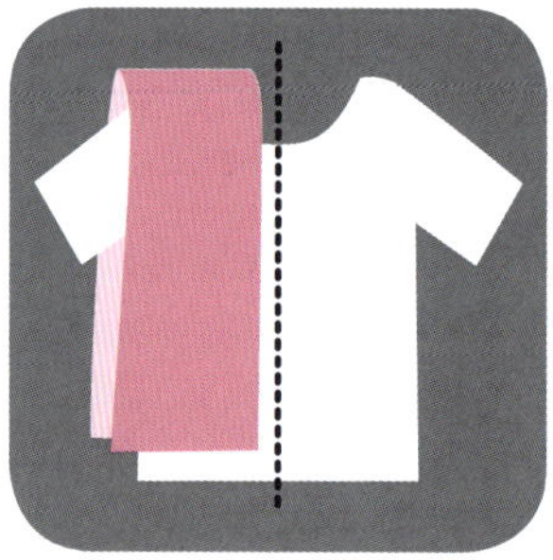

3. Kapitel: Die Spaltung

Stricke 4 Reihen Muster 1, 1 Mal Muster 2 und 3 Reihen Muster 1 – du bist am Ende also am Ende einer Hinreihe. Jetzt wird geteilt. Dafür auf der Rückreihe die Hälfte der Maschen plus 5 Maschen abketten. Restliche Maschen rechts stricken. Auf der nächsten Hinreihe alle M rechts stricken und am Ende nun die eben abgeketteten Maschen wieder neu anschlagen. Nun strickst du wieder 3 Reihen Muster 1 – da wir vorhin mit einer Hinreihe die Maschen wieder aufgenommen haben, sind das also Rückreihe, Hinreihe, Rückreihe. Dann 1 Mal Muster 2 und wieder 4 Reihen Muster 1. Damit ist die Spaltung vollzogen und du bist bereit für das 4. Kapitel.

4. Kapitel: Nochmal quer ist immer noch nicht schwer

Hier wird nun die zweite Hälfte deines Shirts gestrickt. Dafür wiederholst du Muster 4 so lange, bis du wieder die Maschenzahl deines Anschlags erreicht hast. Hast du wieder so viele M auf der Nadel wie am Anfang, bist du bereit für das 5. Kapitel.

5. Kapitel: Noch mal Löcher macht zu den Köcher

Stricke 4 Reihen Muster 1, 1 Mal Muster 2 und 4 Reihen Muster 1, schon kannst du alle M locker abketten. Dein Shirt wird nun einmal so gefaltet, dass die Maschen aus Kapitel 3 aufeinander treffen. Sie bilden dein Vorderteil. Die jeweiligen Seitenkanten werden einmal vom Anschlag und einmal von der Abkettkante gebildet. Vorn durch die Mitte fädelst du nun ein Band oder eine Kordel immer über Kreuz, um dein Shirt zu schließen. Den Ausschnitt bestimmst du damit komplett selbst, indem du höher oder tiefer fädelst. An den Seiten kannst du nun ebenfalls Kordeln von unten nach oben fädeln, lasse dir dabei die gewünschte Ärmelöffnung frei. Du kannst auch von oben nach unten fädeln, wenn du unter der Ärmelöffnung beginnst. Wer hier keine Schnüre mag, der kann auch die Seiten einfach mit einem Matratzenstich (auf Seite 30) zusammennähen – die Ärmelöffnung müsst ihr dabei natürlich offen lassen. Fertig ist auch schon das stylische Shirt.

Mach es zu deiner Story

Du kannst deinem Shirt auch Ärmel geben, indem du Ärmel wie bei **All through the Year** (Shirt Seite 18) oder bei der **When two become one** (Weste Seite 22) beschrieben anstrickst. Natürlich kannst du auch mit 2 unterschiedlichen Farben arbeiten und Streifen stricken oder du strickst einfach ein paar mehr Lochreihen.

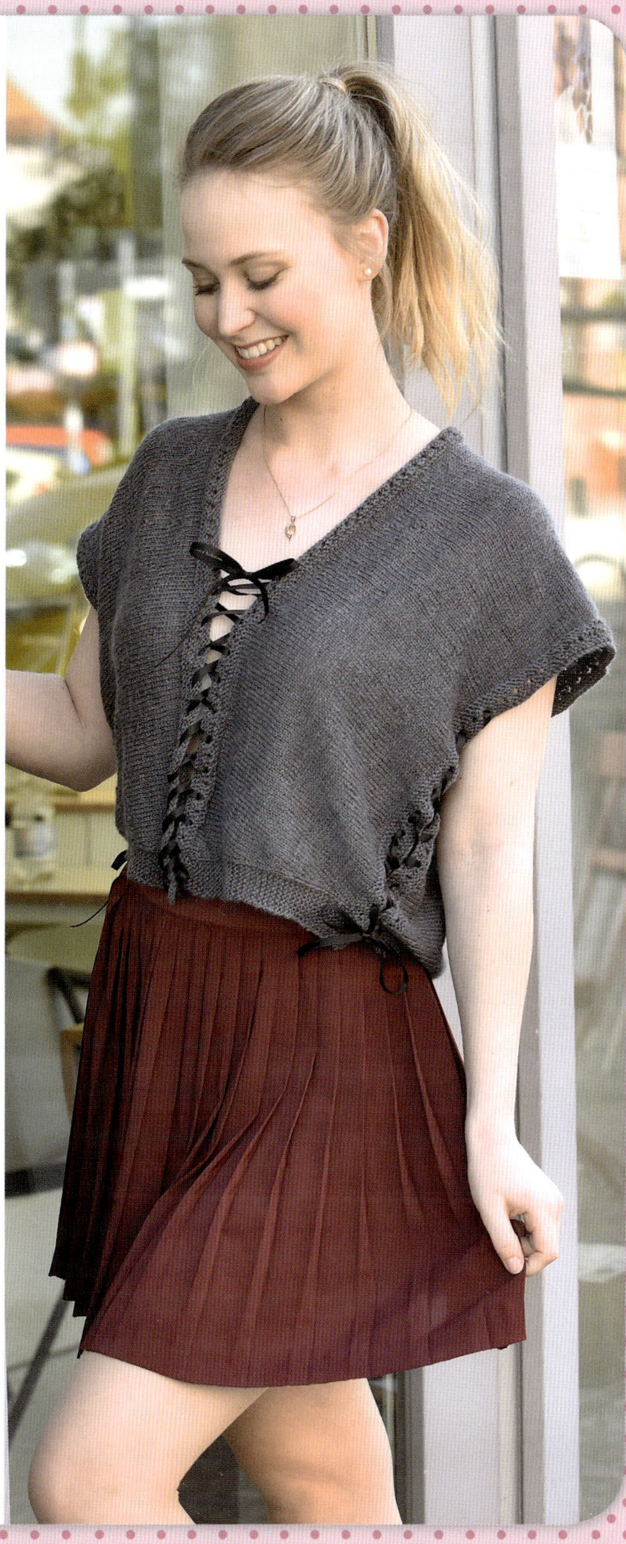

Believe in Purple

Größe
Einheitsgröße

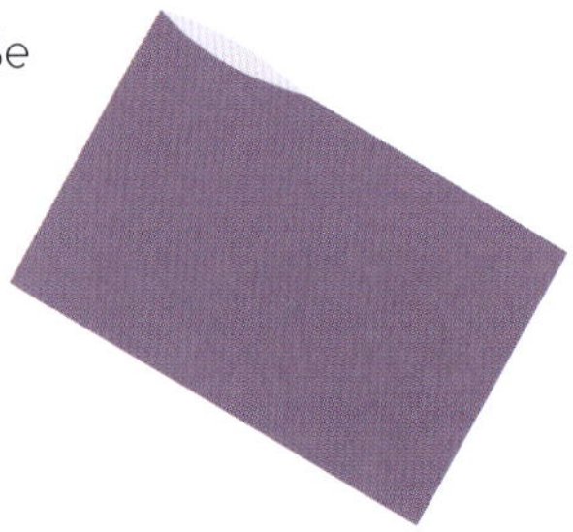

Material
Pro Lana Fjord (LL 350 m/100 g) in Lila-rosa-weiß (Fb 88), 300 g
Stricknadeln 4,0 mm

Maschenprobe
Glatt rechts mit Nd 4,0 mm sind 18 M und 30 R = 10 cm x 10 cm

Deine Muster
Muster 1 in Reihen:
Kraus rechts. Hinreihe sowie Rückreihe alle M re stricken, auch die Randmaschen.

Muster 2 in Reihen:
1. Reihe: Alle M re stricken.
2. Reihe: Stricke die ersten und letzten 8 M rechts und alle Maschen im Mittelteil links.

Der Poncho ist ein Alltags-Stück, welches wohl in keinem Kleiderschrank fehlen darf. Das schicke Muster kommt hierbei direkt aus dem Garn. Ein echter Hingucker und dabei so leicht gemacht.

So passt's dir

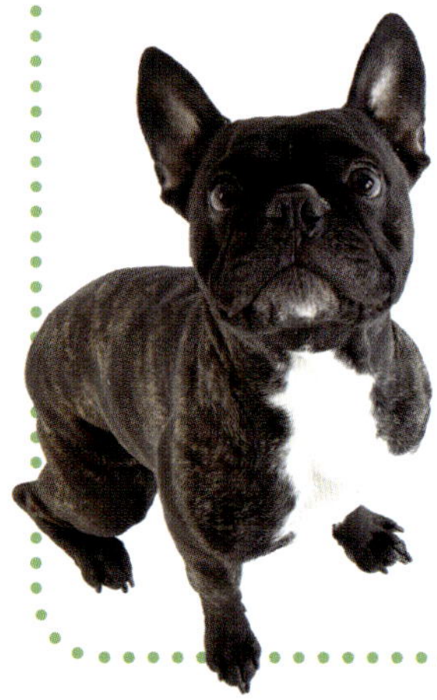

Dein Rechteck für den Poncho muss doppelt so lang sein, wie es breit ist. Du kannst also in größeren Größen einfach mehr Maschen anschlagen und dann die Breite abmessen und die Länge dann eben doppelt so lang stricken, wie die Breite.

Die Story deines Ponchos

Der Poncho wird als einfaches Rechteck gestrickt und danach an einer Längsseite zusammengenäht. Die Story deines Ponchos besteht aus 4 Kapiteln.

1. Kapitel: Einfach kraus, mach dir nichts draus

Schlage 140 Maschen an und stricke 16 Reihen nach Muster 1. Es bilden sich Krausrippen, da du in Hin- und Rückreihen rechts strickst. Dann bist du schon bereit für das 2. Kapitel.

2. Kapitel: Glatt rechts voraus, so schaut es aus

In diesem Teil strickst du nun für einer Gesamtlänge von 1,40 m nach Muster 2, du kannst hier also voll entspannen.

3. Kapitel: Nochmal kraus, so wird was draus

Zum Abschluss des Rechtecks strickst du noch einmal 16 R nach Muster 1. Du hast hier also wieder 8 Krausrippen gebildet. Kette auf der nächsten Hinreihe ab und schon bist du bereit für das 4. Kapitel.

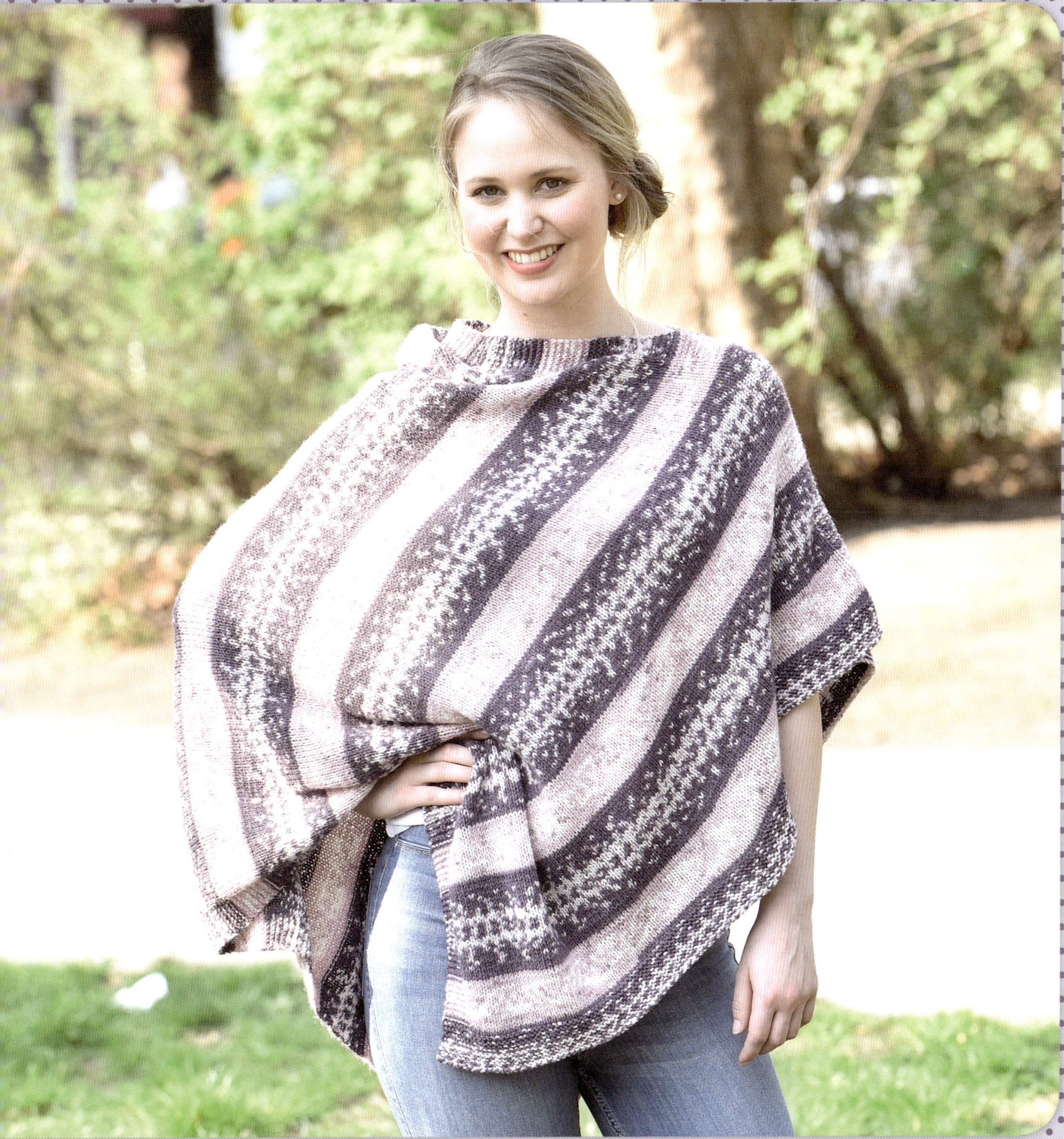

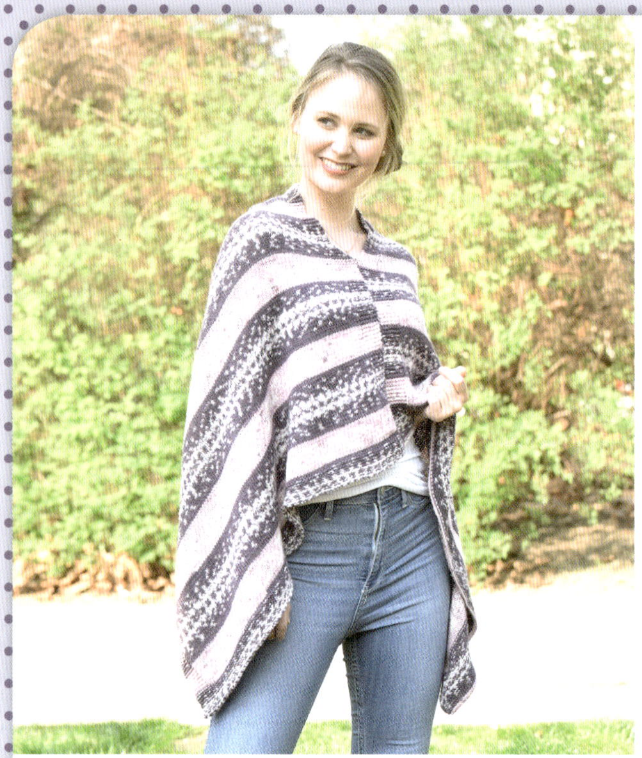

4. Kapitel: Zusammen kommt, was zusammen gehört

Falte nun deinen Poncho einmal der Länge nach und nähe eine Seitenkante zusammen – lass dir dabei ein mindestens 25 - 30 cm langes Stück in der Länge vor der Bruchkante offen, damit du den Kopf durchstecken kannst.

Mach es zu deiner Story

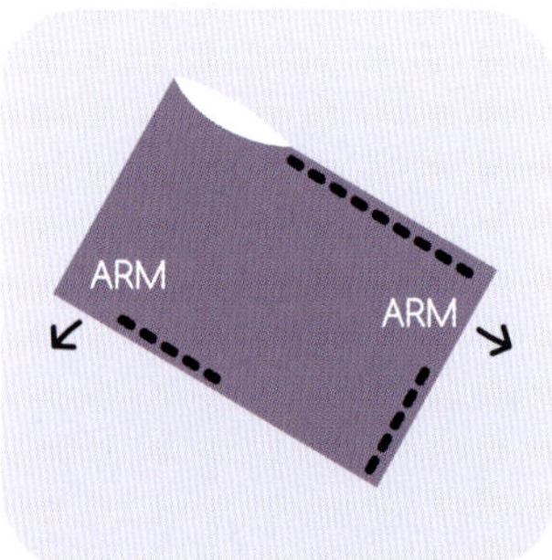

Du kannst hier natürlich auch mit 2 Farben arbeiten oder mit Garnen mit unterschiedlichen Materialbeschaffenheiten, wie Effektgarn in Kombination mit glattem Garn, auch das gibt einen tollen Effekt. Wenn du dein Rechteck zusätzlich wie in der Skizze beschrieben zusammennähst, hast du einen ganz witzigen asymmetrischen Pullover. Natürlich kannst du statt die Kanten zusammenzunähen auch einfach nur Knöpfe oder einen Reißverschluss anbringen, so kannst du jederzeit aus deinem Poncho auch wieder eine Stola machen.

Benutzte Techniken

Kraus rechts zusammennähen

Die Strickstücke so positionieren, dass dich die rechte Seite anschaut. Nun am rechten Strickstück in die Randmasche von unten nach oben so einstechen, dass beide Fäden des Knubbels der Masche auf der Nadel liegen. Nun am linken Strickstück ebenfalls von unten nach oben in den Knubbel einstechen, der sich um den Rand herum schlingt. Jetzt abwechselnd einmal am rechten und einmal am linken Strickstück einstechen, bis alle Randmaschen abgearbeitet sind. Den Faden zwischendurch immer so anziehen, dass sich beide Teile fest verbinden, aber nicht zusammengerafft sind.

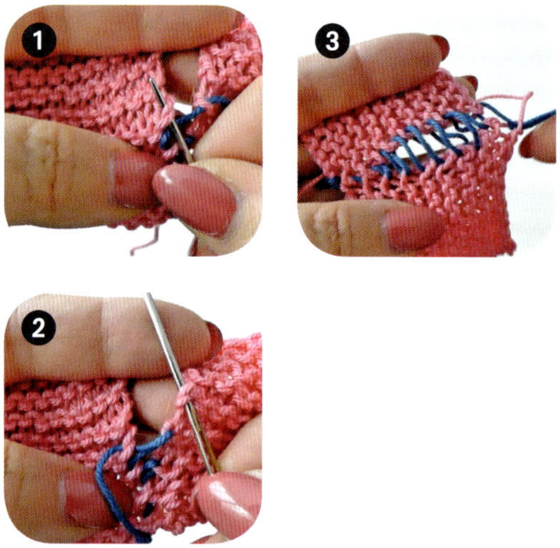

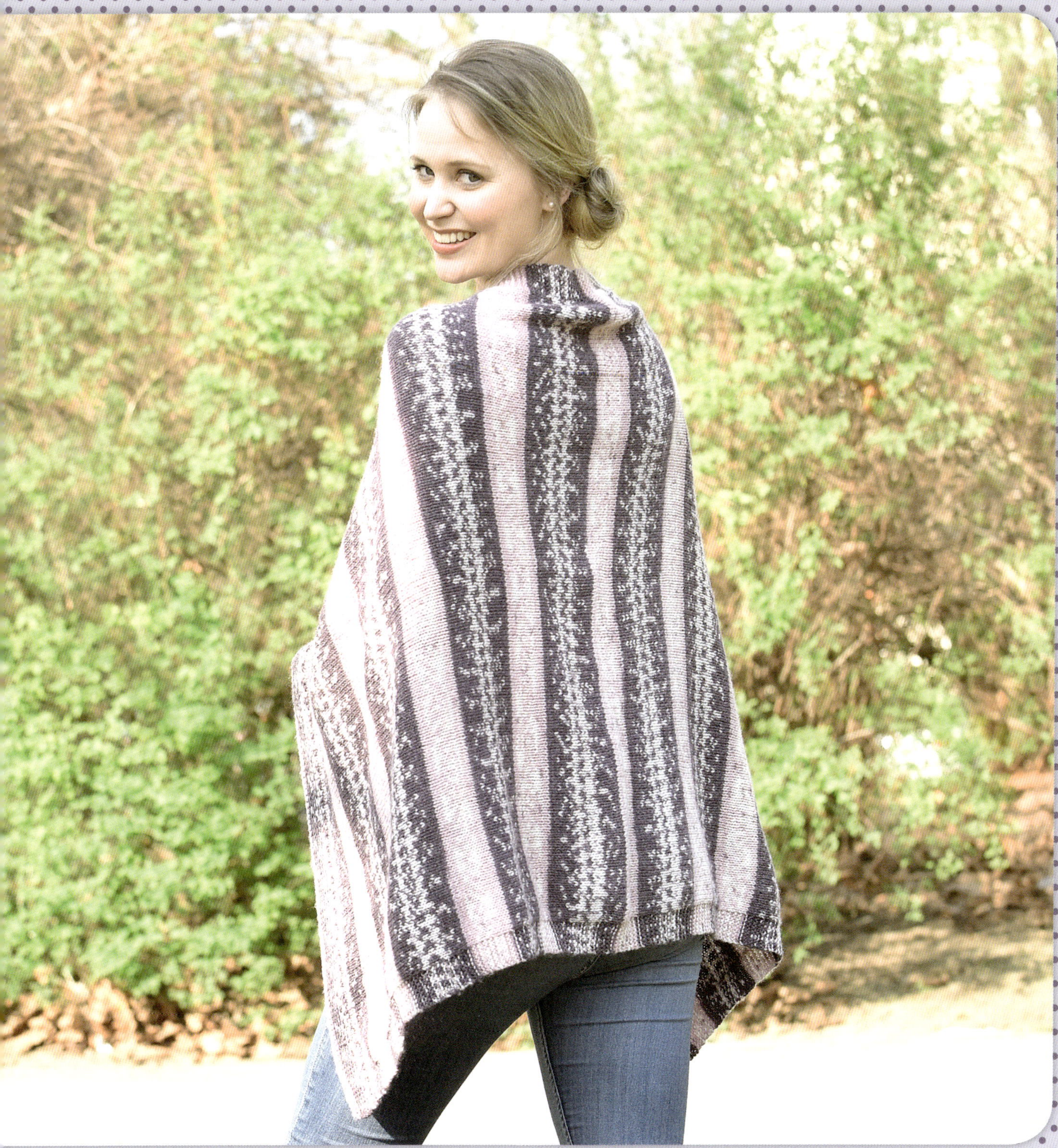

Please hold the Line

Größe
Einheitsgröße

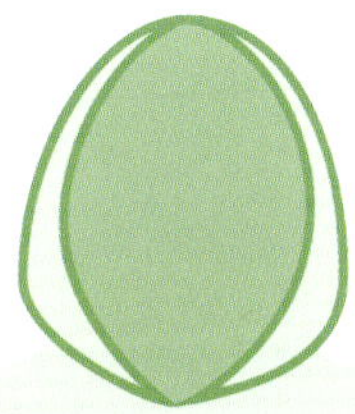

Material
LANGYARNS Wooladdicts Love (LL 125 m/25 g) in Petrol (Fb 1002.0074) und in Gelb (Fb 1002.0011), je 100 g
Stricknadeln 4,0 mm

Alternatives Material:
Buttinette Woll Butt Tirol (LL 250 m/100 g) in Braun (Fb 99-32344), 200 g
Stricknadeln 3,5 mm

Maschenprobe
Glatt rechts mit Nd 4,0 mm sind 27 M und 36 R = 10 cm x 10 cm

Deine Muster

Muster 1 in Reihen:
1. + 2. Reihe: In Fb B (gelb) alle M re stricken.
3. + 4. Reihe: In FB A (petrol) alle M re stricken.

Muster 2 in Reihen:
1. + 2. Reihe: In Fb A (petrol) alle M re stricken.
3. + 4. Reihe: In FB B (gelb) alle M re stricken.

Muster 3 in Fb A in Runden:
1., 3. und 5. Runde: Maschenmarkierer (MM) abheben, 1 ZUN (1 M aus dem Querfaden zunehmen), re M bis zum MM, 1 ZUN, MM überheben, 11 M re, MM überheben, 1 ZUN, re M bis zum MM, 1 ZUN, MM überheben, 11 M re.
2., 4. und 6. Runde: Alle M re stricken.

Muster 4 in Fb B in Runden:
1. und 3. Runde: MM abheben, 1 ZUN (1 M aus dem Querfaden zunehmen), li M bis zum MM, 1 ZUN, MM überheben, 11 M li, MM überheben, 1 ZUN, li M bis zum MM, 1 ZUN, MM überheben, 11 M li.
2. und 4. Runde: Alle M li stricken.

Muster 5 in Fb A in Runden:
1. Runde: MM abheben, 1 ZUN (1 M aus dem Querfaden zunehmen), re M bis zum MM, 1 ZUN, MM überheben, 11 M re, MM überheben, 1 ZUN, re M bis zum MM, 1 ZUN, MM überheben, 11 M re.
2. Runde: Alle M li stricken.

Muster 6 in Fb A in Reihen:
1., 3. und 5. Reihe: 11 M re, MM abheben, 1 ZUN (1 M aus dem Querfaden zunehmen), re M bis zum MM, 1 ZUN, MM überheben, 11 M re, MM überheben, 1 ZUN, re M bis zum MM, 1 ZUN, MM überheben, 11 M re.
2., 4. und 6. Reihe: Alle M li stricken.

Muster 7 in Fb B in Reihen:
1. und 3. Reihe: 11 M li, MM abheben, 1 ZUN (1 M aus dem Querfaden zunehmen), li M bis zum MM, 1 ZUN, MM überheben, 11 M li, MM überheben, 1 ZUN, li M bis zum MM, 1 ZUN, MM überheben, 11 M li.
2. und 4. Reihe: Alle M re stricken.

Muster 8 in Fb A in Reihen:
1. Reihe: 11 M re, MM abheben, 1 ZUN (1 M aus dem Querfaden zunehmen), re M bis zum MM, 1 ZUN, MM überheben, 11 M re, MM überheben, 1 ZUN, re M bis zum MM, 1 ZUN, MM überheben, MM überheben, 11 M re.
2. Reihe: Alle M re stricken.

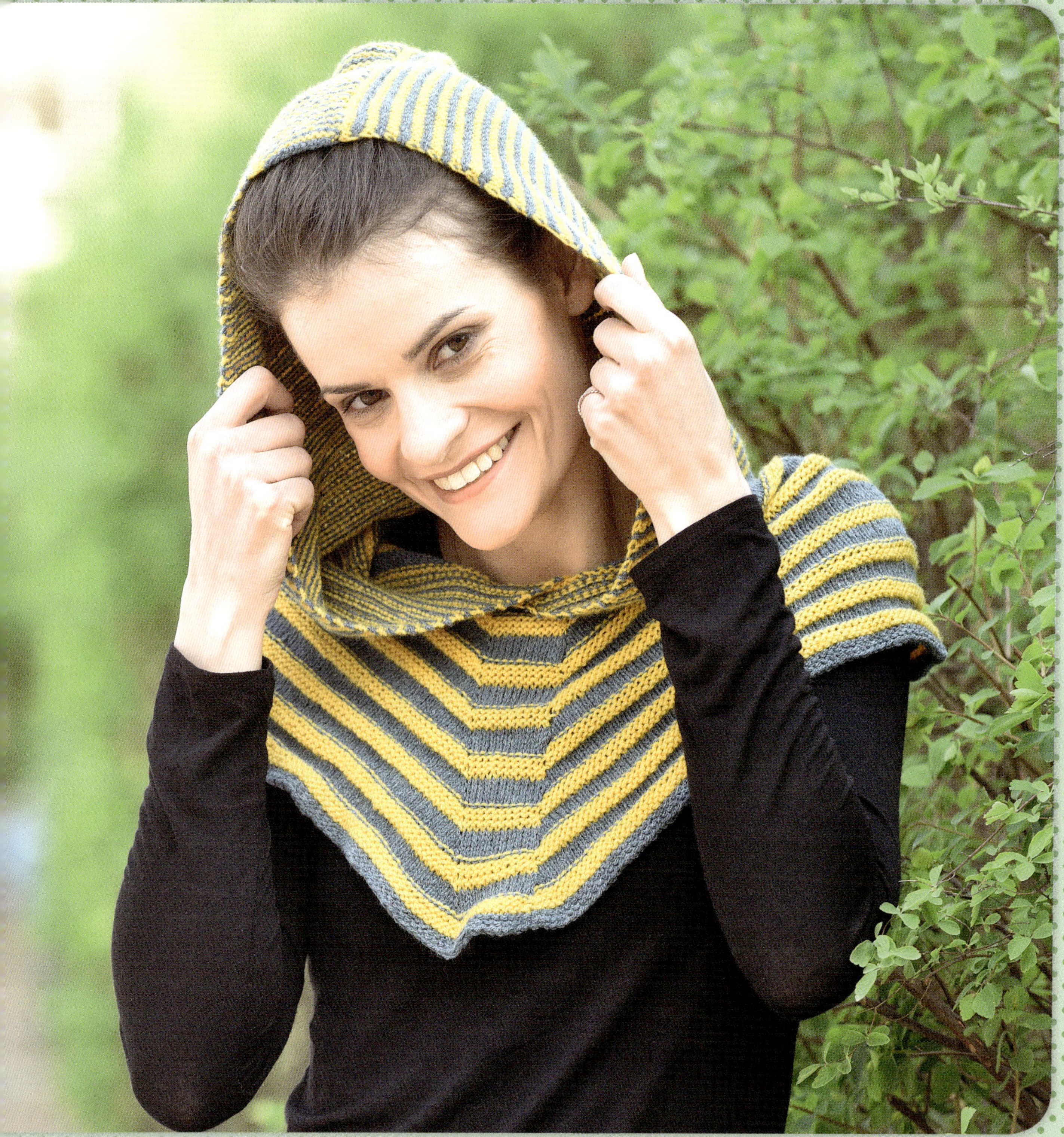

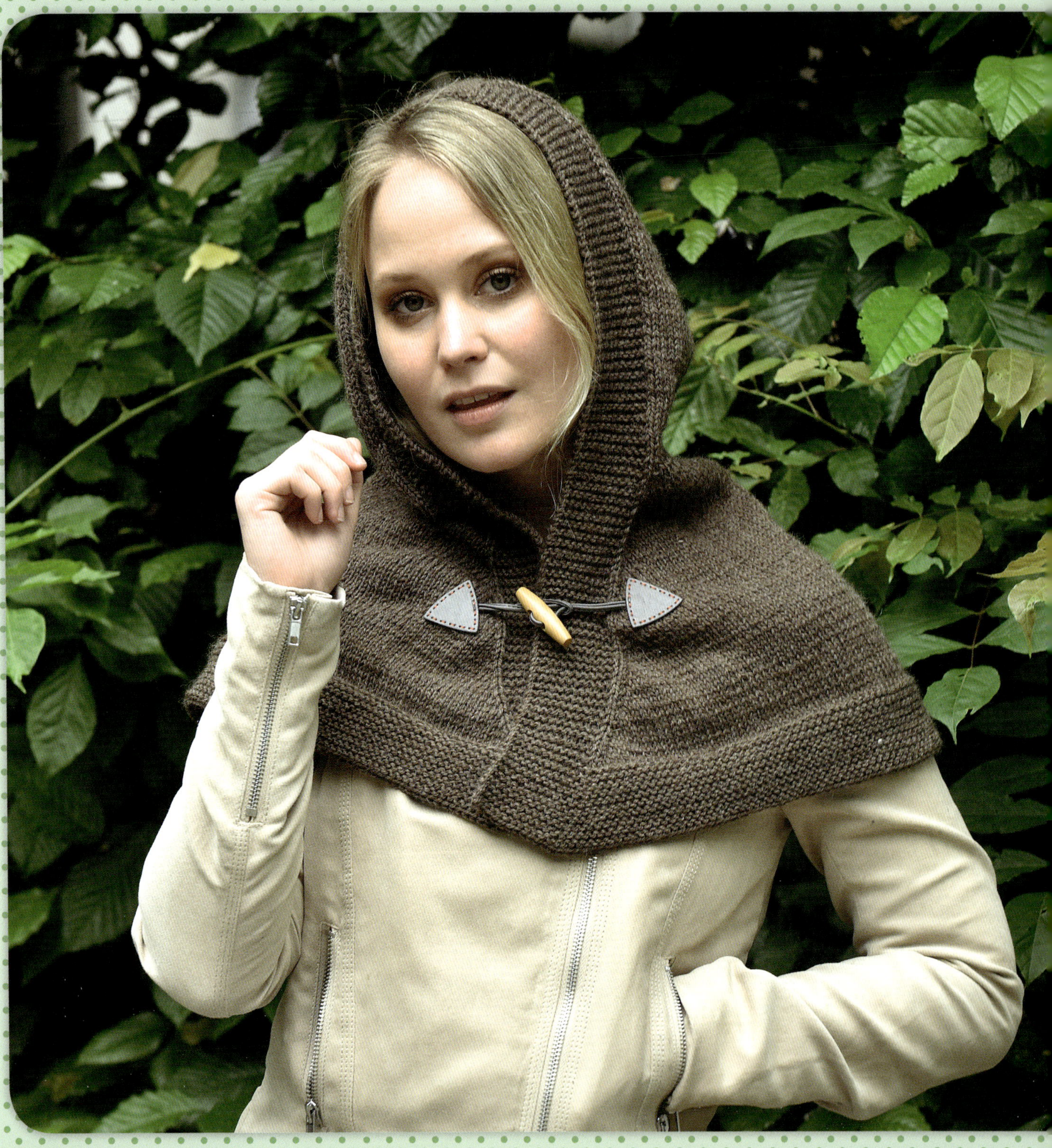

Benutzte Techniken

Maschen aus kraus rechtem Rand aufnehmen

Lege das Strickstück mit der rechten Seite nach oben vor dich hin, sodass die Seitenkante oben liegt. Nun von rechts nach links in die senkrecht stehende Masche mit der Nadel einstechen, den Faden holen und durch die Masche ziehen – 1 Masche wurde aus dem Rand aufgenommen.

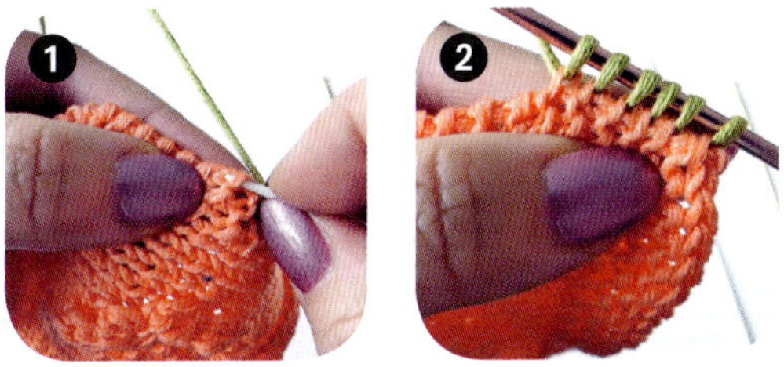

Der Schulterwärmer ist eines meiner Lieblingsstücke im Winter. Einfach über den Kopf gezogen ersetzt er den Schal und auch die Mütze, wenn es mal feucht von oben wird. Aber auch drinnen, wenn es mal kühl wird, ist er ganz einfach unverzichtbar. Dabei hast du viele Individualisierungsmöglichkeiten. Du kannst daraus auch einen langen Poncho machen oder ein vorn offenes Cape.

Die Story deines Schulterwärmers

Es wird oben mit der Kapuze begonnen und von oben nach unten gestrickt. Dabei kannst du später die Länge deines Schulterwärmers ganz leicht anpassen und ihn sogar lang wie einen Poncho stricken. Die Story deines Schulterwärmers wird in 4 Kapiteln erzählt.

1. Kapitel: Jedes Töpfchen braucht sein Deckelchen

Schlage in Farbe A (petrol) 11 Maschen an und stricke dann eine Reihe rechte Maschen. Jetzt folgst du Muster 1, bis dein Strickstück eine Länge von 25 cm erreicht hat.
Hat dein kleiner Deckel die richtige Länge geht es an das 2. Kapitel. Im abgebildeten Modell sind es insgesamt 56 Krausrippen.

2. Kapitel: Eine Wand rundrum ist gar nicht dumm

Jetzt beide Fäden abschneiden, die Maschen aber auf der Nadel lassen und natürlich einen Endfaden zum Vernähen lassen.
Jetzt mit Farbe B aus der rechten Seitenkante aus jeder Krausrippe 1 Masche aufnehmen, dann die noch offenen Maschen in der Mitte rechts stricken und aus jeder Krausrippe am linken Rand 1 Masche aufnehmen (es sind nun 123 Maschen). Rechts und links der 11 Maschen, die unseren Anfang gebildet haben, hängst du dir einen Maschenmarkierer ein. Die brauchen wir zwar erst später, aber so sind diese 11 Maschen später leichter zu finden. Jetzt arbeitest du weiter in Muster 2 für eine Länge von ca. 30 cm. Das ist nun deine Kapuze, du kannst die Länge kontrollieren, indem du sie einfach auf den Kopf aufsetzt. Sie sollte am Ende mit der offenen Maschenkante locker auf der Schulter aufliegen.
Ist deine Kapuze lang genug, bist du bereit für das 3. Kapitel.

3. Kapitel: Die Zusammenführung

Hier kannst du dich nun entscheiden, ob du ein vorn offenes Cape haben möchtest oder lieber einen geschlossenen Schulterwärmer. Für den geschlossenen Schulterwärmer strickst du nun das 3. Kapitel, für ein offenes Cape überspringst du das 3. Kapitel und strickst stattdessen das 4. Kapitel.
Die ersten 11 Maschen auf eine Hilfsnadel legen und die letzten 11 Maschen über die ersten 11 Maschen legen. Nun zunächst ab der 12. Masche beginnen zu

stricken. Somit ist der Schulterwärmer zur Runde geschlossen. Stricke jetzt alle Maschen mit Farbe B rechts, bis zu den letzten 11 Maschen. Hier strickst du nun jeweils 1 Masche von der Hauptnadel mit einer Masche von der Hilfsnadel rechts zusammen, damit hast du nun einen überlappenden Kragen.
Hänge dir nun 2 Maschenmarkierer in dein Gestrick nämlich rechts und links von den 11 zusammengestrickten Maschen. Stricke jetzt abwechselnd Muster 3 und 4 bis zur gewünschten Länge, dann kettest du ab. Im abgebildeten Fall wurden sie 7 Mal gestrickt. Die Runde beginnt dabei am ersten Maschenmarkierer, also am Ende der zusammengestrickten Maschen.
Du nimmst also immer rechts und links deiner mittleren 11 Maschen 1 Masche aus dem Querfaden zu in jeder 2. Runde. Die petrolfarbenen Runden werden dabei rechts gestrickt und die gelben Runden links.
Hat dein Schulterwärmer die gewünschte Länge, strickst du mit Farbe A Muster 5 insgesamt 4 Mal und kettest dann alle M locker ab.

4. Kapitel: Am Ende bleibt alles offen ;)

Möchtest du, dass dein Schulterwärmer ein Cape ist, welches man später mittels Knöpfen schließen kann, dann überspringst du das 3. Kapitel und machst direkt hier mit dem 4. Kapitel weiter.
Hänge dir zunächst nach den ersten 11 Maschen und vor den letzten 11 M einen Maschenmarkierer ein. Stricke jetzt die folgenden Muster 6 und 7 so lange, bis dein Cape die gewünschte Länge hat. Dann beendest du das Cape mit Muster 8 und kettest alle M locker ab.
Du nimmst also immer rechts und links deiner mittleren 11 Maschen 1 Masche aus dem Querfaden zu in jeder 2. Reihe. Die petrolfarbenen Reihen werden dabei glatt rechts gestrickt und die gelben Reihen glatt links.
Hat dein Schulterwärmer die gewünschte Länge, strickst du mit Farbe A Muster 8 insgesamt 4 Mal und kettest dann alle Maschen locker ab.

Am Ende kannst du dir noch Knöpfe mit Knopfschlaufen aufnähen oder Posamenten zum Schließen.

Mach es zu deiner Story

Die einfachste Individualisierung ist hier einfach die Länge zu variieren.
Du kannst aber auch in deinen 11 Maschen ein Muster unterbringen. Oder du baust in den krausen Reihen ein Mosaikmuster ein, dann kannst du den Rest des Schulterwärmers auch weiter stricken, indem du alle 2 R nur die Farbe wechselst. Möchtest du ein Muster im Mittelstreifen unterbringen, kannst du den selbstverständlich auch breiter stricken, der Rest ergibt sich ganz von allein daraus.

So passt's dir

Der Schulterwärmer hat eine sehr einfache Konstruktion. Alles ergibt sich aus der Kapuze und am Ende aus dem 4. Kapitel. Wenn du dein 1. Kapitel länger strickst, dann werden auch der Halsausschnitt und die Kapuze größer. Du kannst das letzte Kapitel so oft stricken, wie du möchtest und dann aus deinem Schulterwärmer auch einen Poncho machen. Beachte dabei aber den geänderten Wollverbrauch.

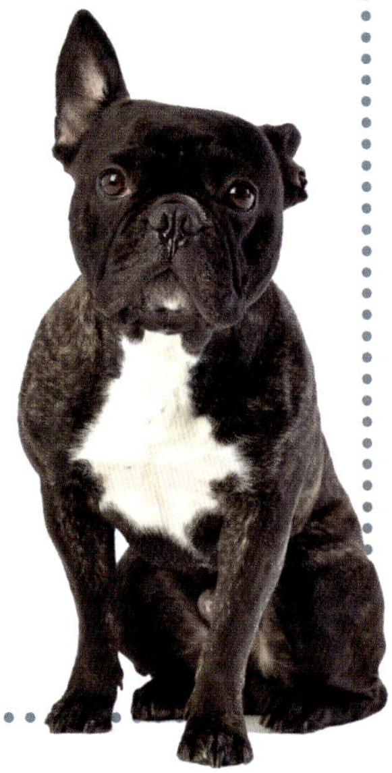

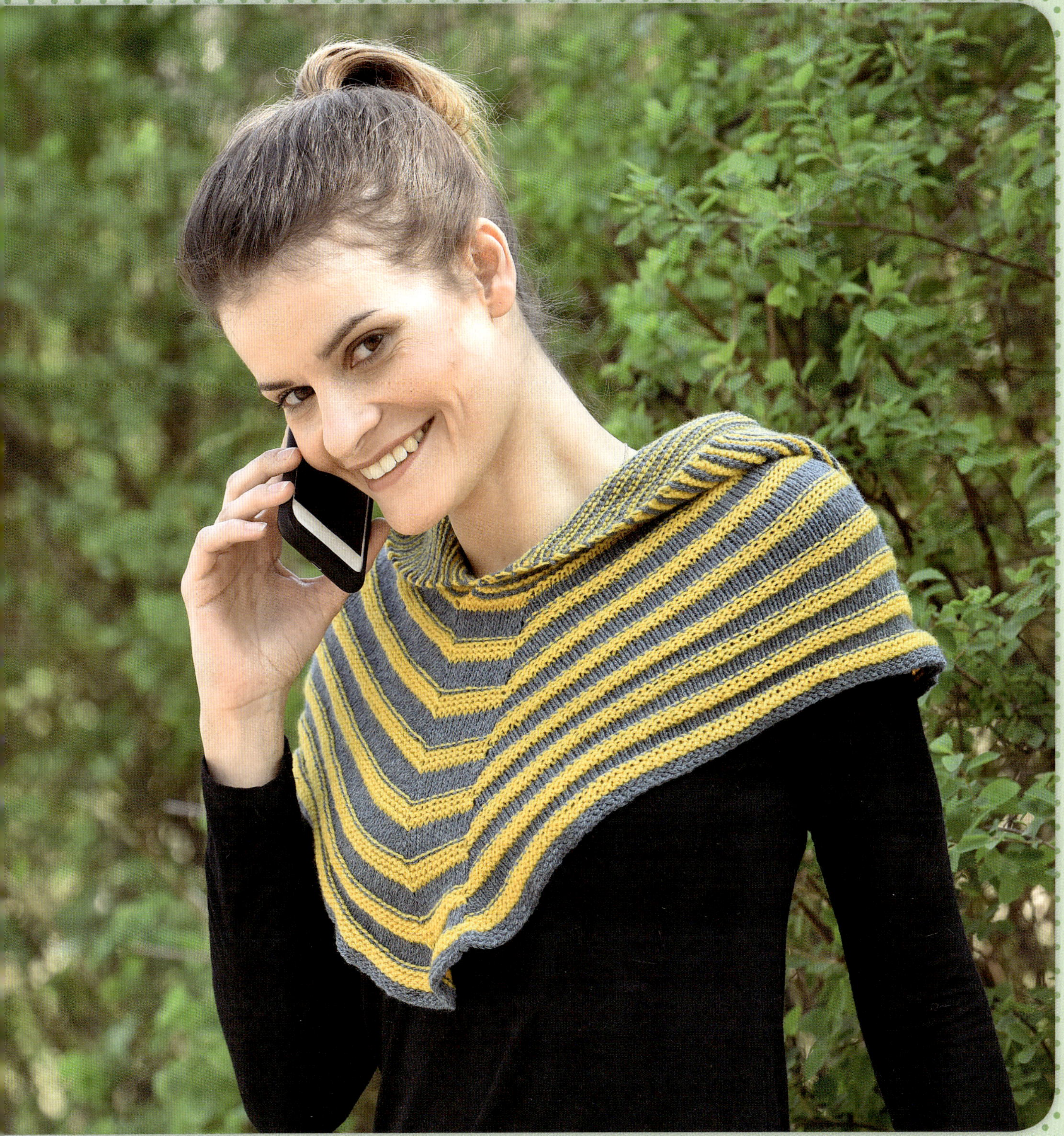

Baby it's cold outside

Größe

34	36	38	40	42	44	46	48	50	52	54	56
45	47	49	51,5	54	56,5	59	62,5	66	69,5	73	76,5
Breite nach Kapitel 1 in cm											

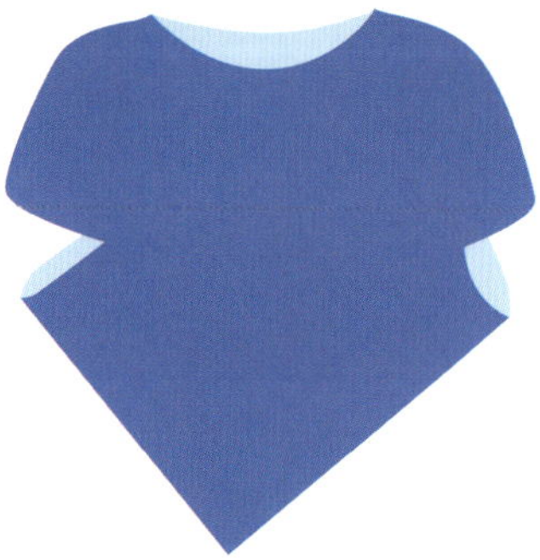

Material

Austermann Bio Cotton (LL 180 m/50 g) in Natur (Fb 10) und in Taupe (Fb 06), je 150 g
Stricknadeln 3,5 mm

Maschenprobe

Glatt rechts mit Nd 3,5 mm sind 22 M und 30 R = 10 cm x 10 cm

Deine Muster

Muster 1 in Reihen:
1. Reihe: KFB, re M bis Ende.
2. Reihe: Wie erste Reihe stricken.

Muster 2 in Farbe B (Taupe) in Reihen:
1. Reihe: KFB, re M bis Ende.
2. Reihe: RüZ (2 M überzogen zusammenstricken), re M bis Ende.

Muster 3 in Farbe A (Natur) in Reihen:
1. Reihe: KFB, re M bis Ende.
2. Reihe: RüZ (2 M überzogen zusammenstricken), re M bis Ende.

Muster 4 in Reihen:
1. Reihe: RüZ, re M bis Ende.
2. Reihe: Wie erste Reihe stricken.

So passt's dir

Wenn du ein anderes Garn oder eine andere Größe als angegeben benötigst, ist das ganz einfach anzupassen. Du strickst dabei Muster 1 so lange, bis die Breite deines Strickstücks, also da, wo die Maschen auf der Nadel sind, einmal quer über die Brust passt, der Rest ergibt sich daraus. Die Länge kannst du bestimmen, indem du beim 2. Kapitel das entstehende Rechteck einmal über die Schulter legst und eine Ecke Richtung Hüfte ziehst, so kannst du schauen, ob dir die Länge passt und gegebenenfalls anpassen.

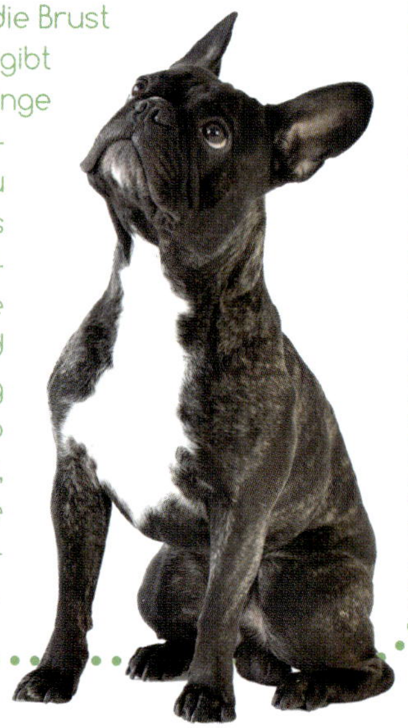

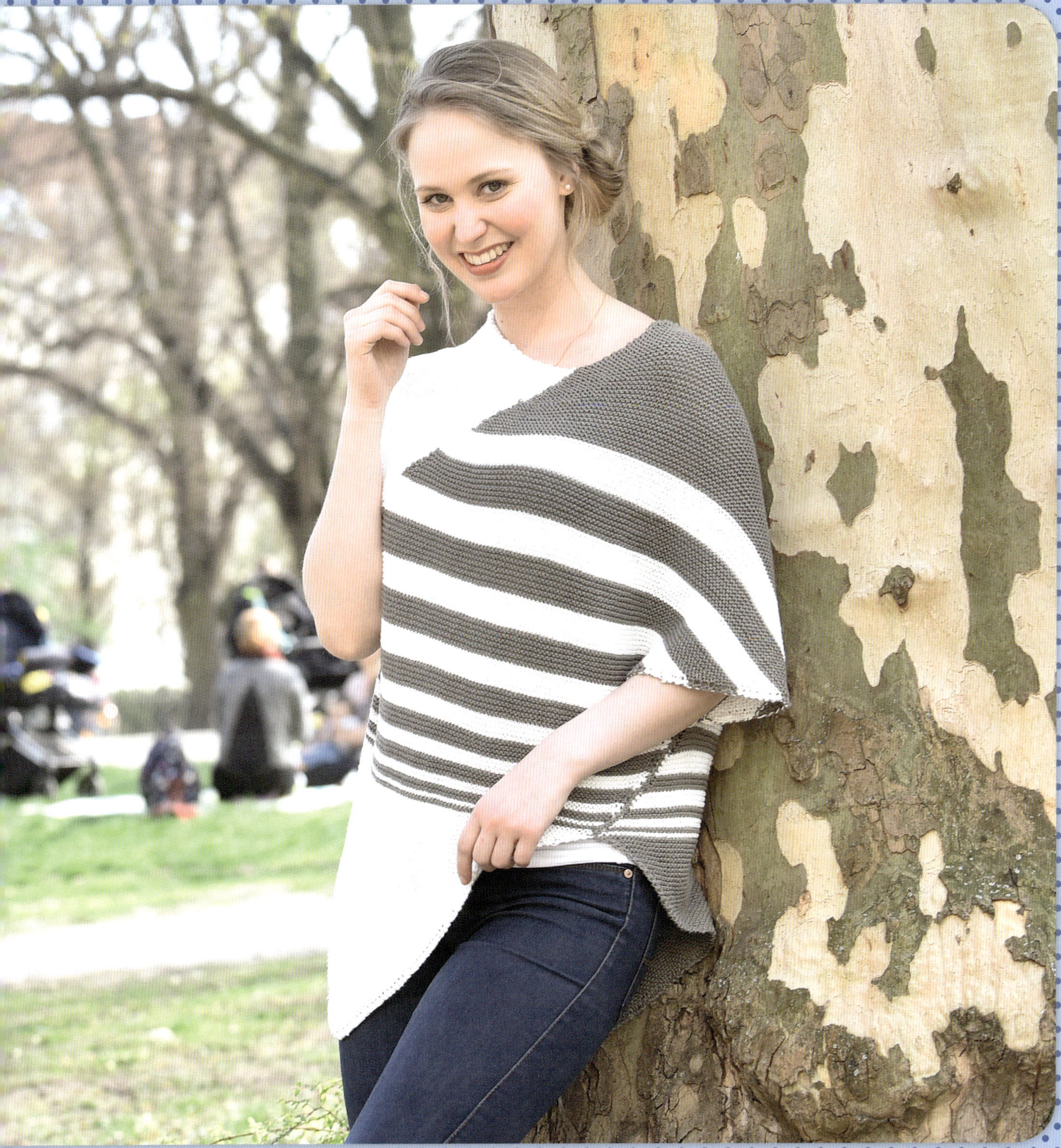

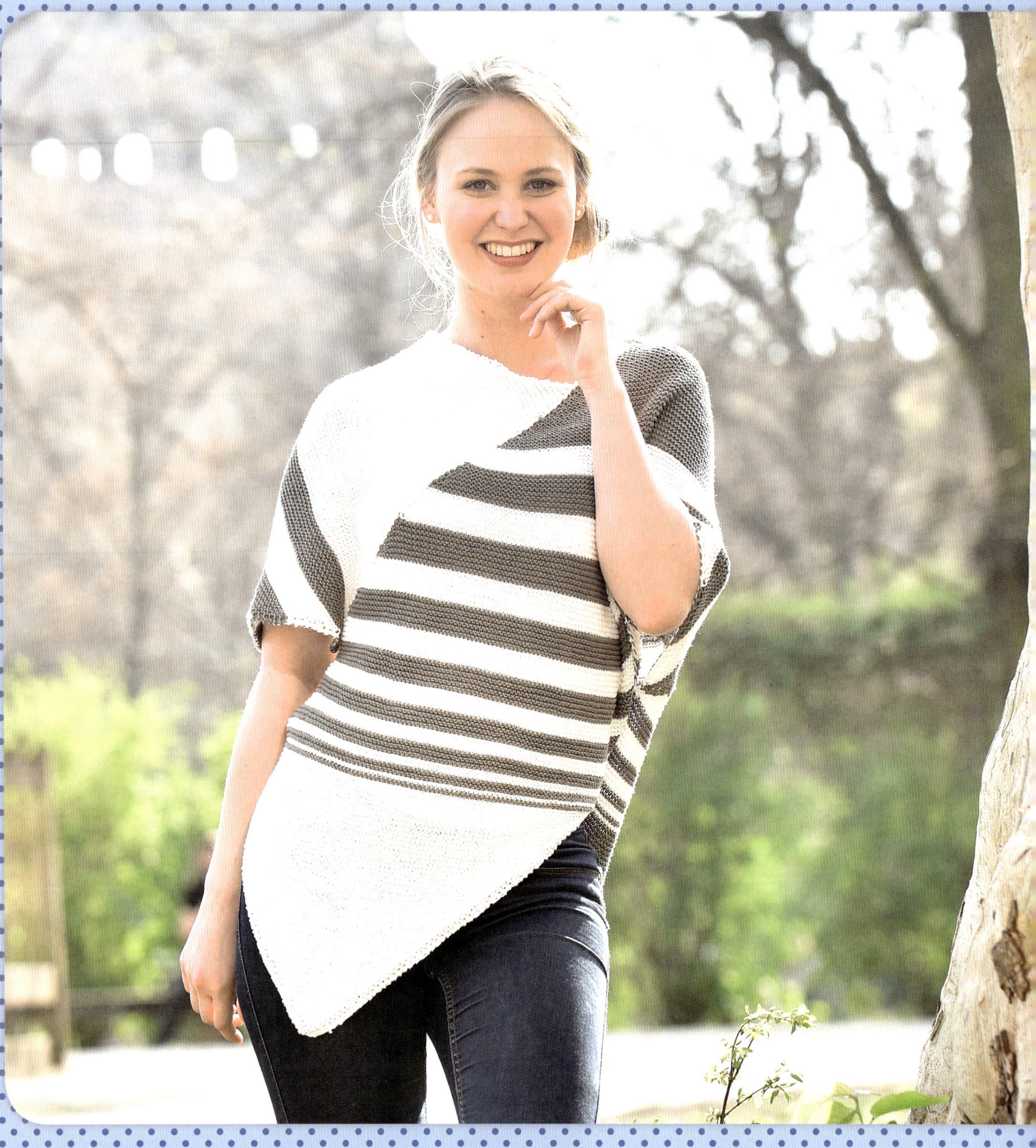

Benutzte Techniken

KFB

Die Masche einmal rechts abstricken, jedoch nicht von der Nadel gleiten lassen, dann die gleiche Masche noch einmal rechts verschränkt abstricken.

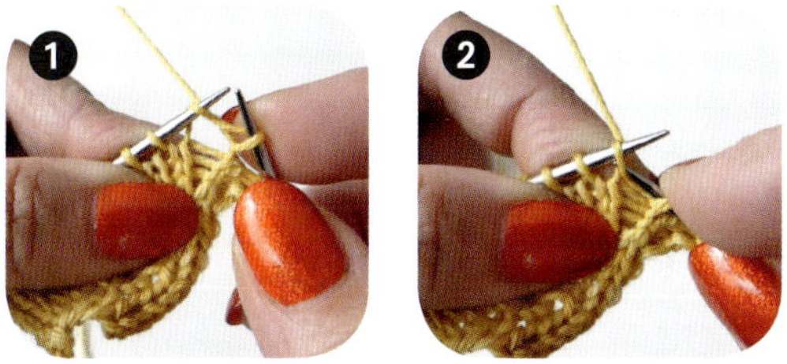

Kraus rechts zusammennähen

Die Strickstücke so positionieren, dass dich die rechte Seite anschaut. Nun am rechten Strickstück in die Randmasche von unten nach oben so einstechen, dass beide Fäden des Knubbels der Masche auf der Nadel liegen. Nun am linken Strickstück ebenfalls von unten nach oben in den Knubbel einstechen, der sich um den Rand herum schlingt. Jetzt abwechselnd einmal am rechten und einmal am linken Strickstück einstechen, bis alle Randmaschen abgearbeitet sind. Den Faden zwischendurch immer so anziehen, dass sich beide Teile fest verbinden, aber nicht zusammengerafft sind.

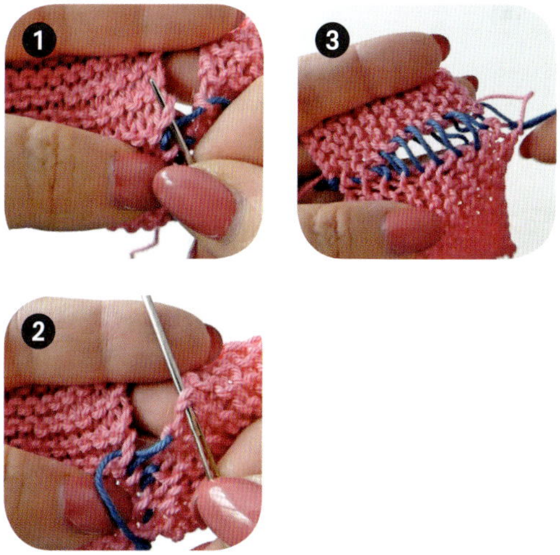

Dieses asymmetrisch geschnittene Shirt besticht nicht nur durch seine ungewöhnliche Form, es ist auch ganz leicht zu stricken, dabei kann man prima entspannen und hat am Ende ein Shirt, welches absolut bürotauglich ist. Im Winter einfach ein Longsleeve drunter und schon kann es das ganze Jahr über getragen werden.

Die Story deines Shirts

Das Shirt besteht aus 2 Rechtecken, die von Spitze zu Spitze gestrickt und am Ende zusammengenäht werden. Dabei strickst du mit unterschiedlichen Streifenfolgen, was deinem Shirt den extra Pepp verleiht. Die Story deines Shirts besteht aus 5 Kapiteln.

1. Kapitel: Von klein auf groß – das ist famos

Der 1. Kapitel ist ganz einfach und hiermit bestimmst du auch am Ende deine Größe. Du strickst zunächst ein Dreieck, wiederhole dafür Muster 1 mit Farbe A (natur) so lange, bis dein Strickstück an einer der beiden Zunahmekanten so breit ist, wie in der Tabelle auf Seite 50 angegeben.

Schlage zunächst 2 Maschen an und beginne dann mit dem Stricken nach Muster 1. Hast du die passende Breite erreicht, bist du bereit für das 2. Kapitel.

2. Kapitel: Gestreift ist fein, so wächst man rein

Nun verändert sich die Breite deines Strickstücks nicht mehr und es geht in Streifen weiter nach oben.

Stricke zunächst 1 Mal Muster 2 und 1 Mal Muster 3. Jetzt wiederholst du abwechselnd die Muster 2 und 3, aber strickst dabei die Muster von Wiederholung zu Wiederholung 1 Mal mehr, also 2 Mal Muster 2, gefolgt von 2 Mal Muster 3, gefolgt von 3 Mal Muster 2, 3 Mal Muster 3 und so weiter.
Wiederhole nun diese Muster so lange, bis dein Strickstück an der kurzen Seitenkante eine Länge von 45 cm hat. Falls du sehr groß bist, strickst du etwa 5 cm mehr, wenn du unter 1,55 m Körperlänge hast, strickst du 5 cm weniger. Ist deine Gesamtlänge erreicht, dann bist du bereit für das 3. Kapitel.

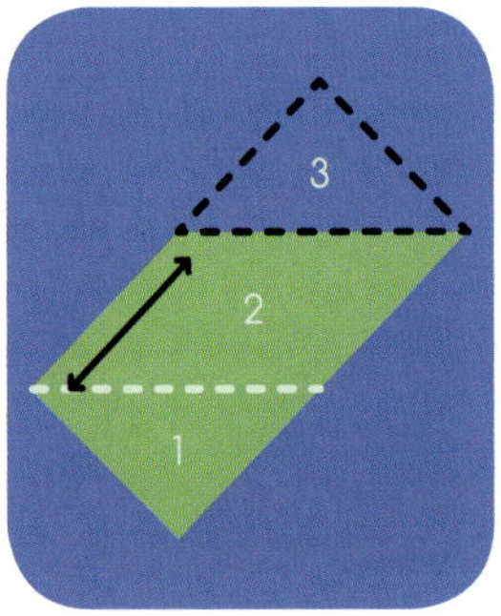

3. Kapitel: Von groß auf klein – so ist es fein

Hier wird nun das Gegenstück zum 1. Kapitel gestrickt und alle Maschen wieder abgenommen. Arbeite hier mit Farbe B weiter und wiederhole Muster 4 so lange, bis nur noch 1 Masche übrig ist, durch die du dann den Faden ziehst. Damit hast du nun von einer Ecke zur anderen ein Rechteck gestrickt.
Ist dein erstes Rechteck beendet, bist du bereit für das 4. Kapitel.

4. Kapitel: Das doppelte Strickchen

Im 4. Kapitel wiederholst du nun die Kapitel 1 bis 3 genau so, wie du es beim ersten Rechteck getan hast, jedoch in umgekehrter Farbfolge, das heißt, du beginnst mit Farbe B (taupe) und strickst dann Muster 2 in Farbe A (natur) und Muster 3 in Farbe B und Muster 4 in Farbe A. Hast du das zweite Rechteck beendet, bist du bereit für das 5. Kapitel.

5. Kapitel: Aus 2 mach 1, dann ist es deins

Jetzt hast du 2 Rechtecke vor dir liegen, die es nun zusammenzufügen gilt. Dafür machen wir ein wenig Strick-Origami, aber keine Bange, so schwer ist es nicht.
Lege zunächst deine Teile wie in der Skizze 1 abgebildet aneinander. Die rechten Seiten zeigen dabei nach oben. Nähe nun die Schmalseite vom 2. Teil an die Längsseite des ersten Teils, sodass oben 30 cm für die Halsöffnung und unten noch 15 cm für die Seitennaht verbleiben.

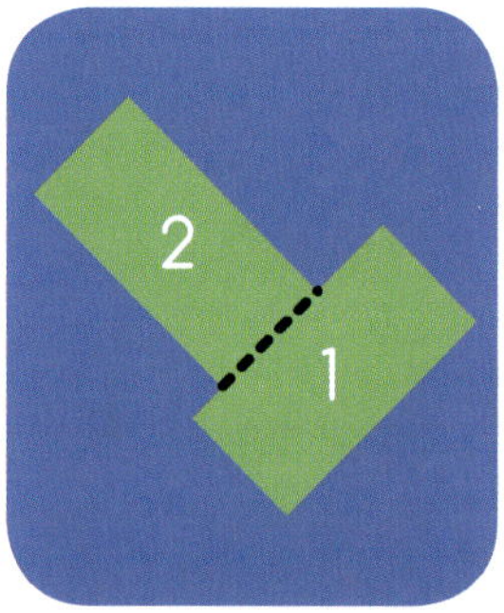

Drehe nun das zusammengenähte Teil so um, dass die linken Seiten nach oben zeigen und klappe die Teile, wie in der Skizze 2 gezeigt, zusammen. Schließe nun hier auch die Naht mit den entsprechenden Abständen laut Skizze mit einer Naht.

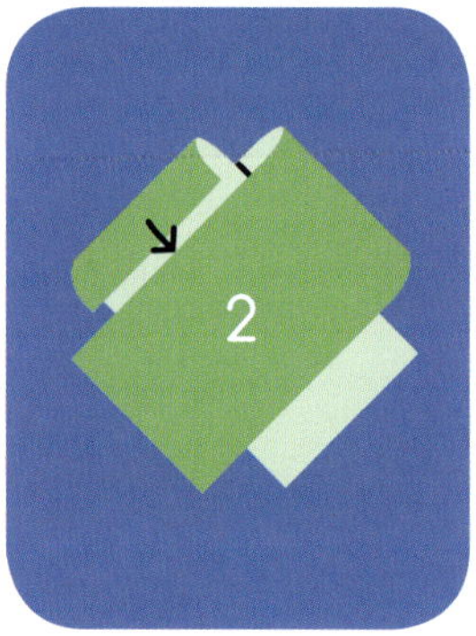

Zum Schluss schließt du noch die kleine 15 cm Naht an den Seiten, die sich dort treffen. Und schon ist dein Origami-Shirt fertig.

Mach es zu deiner Story

Gerade bei diesem Shirt hast du viele Möglichkeiten, es zu individualisieren. Du kannst beide Seiten einfarbig stricken und 2 unterschiedliche Farben aneinander nähen. Oder du strickst ganz einfach hin und wieder ein paar Lochreihen, wie bei **Waiting for Summer** (Schnürshirt Seite 36) beschrieben. Natürlich kannst du auch jedes andere Muster einstricken.

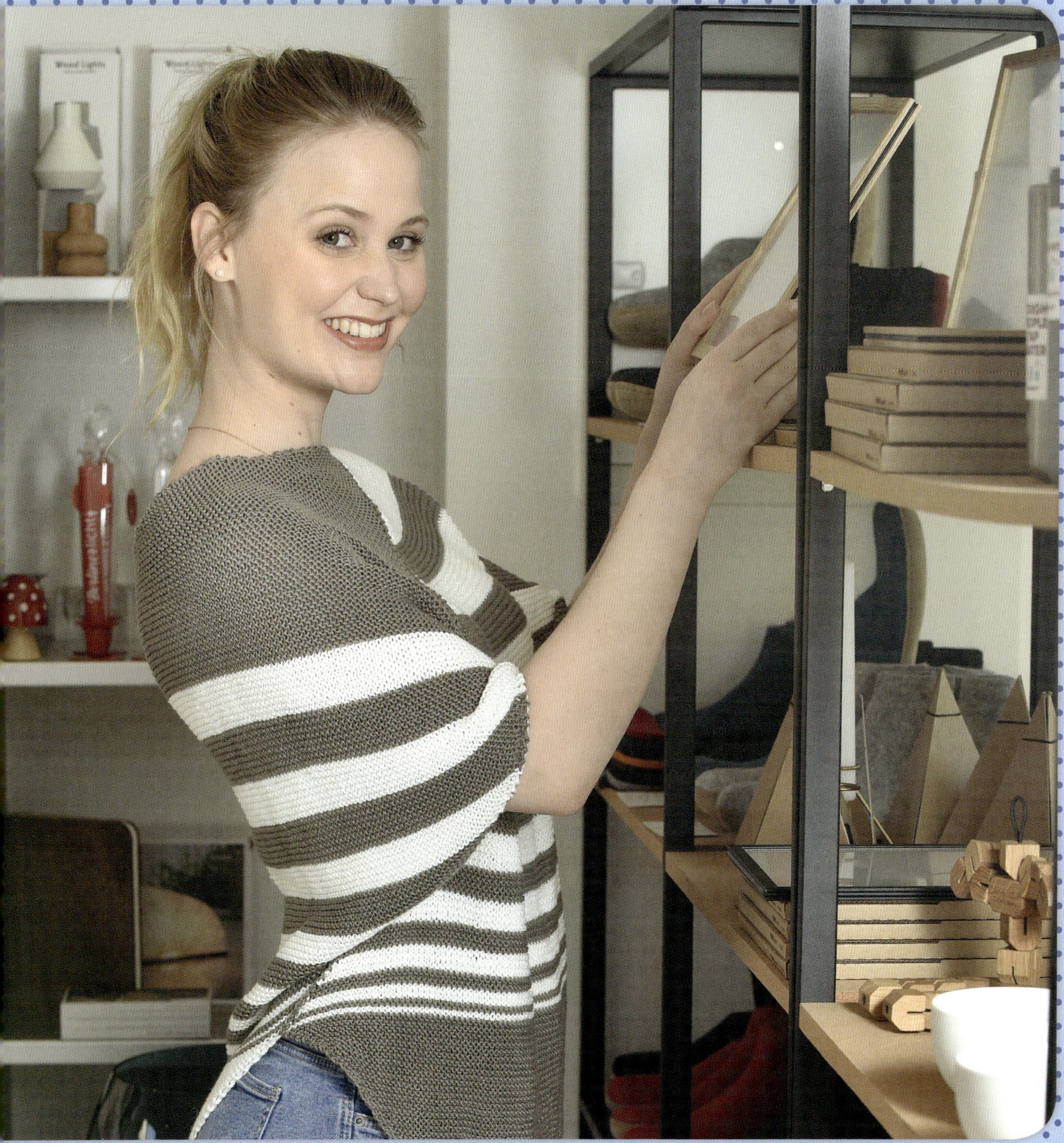

Colours of the Wind

Größe

Individuell

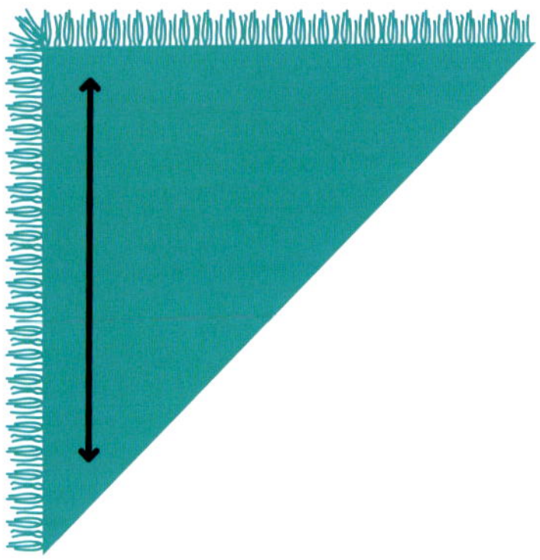

Material

Pro Lana Woodstock (LL 110 m/50 g) in Grün-blau-gelb-rot (Fb 81), 400 g
Stricknadeln 5,0 mm

Maschenprobe

Glatt rechts mit Nd 5,0 mm sind 16 M und 24 R = 10 cm x 10 cm

Deine Muster

Muster 1 in Reihen:

1. Reihe: KFB, re M bis Ende.
2. Reihe: Franse, re M bis Ende.
3. Reihe: KFB, re M bis Ende.
4. Reihe: Alle M re stricken.

Muster 2:

Franse machen, 3 M abketten.

Die Story deines Tuchs

Das Tuch wird quer gestrickt und die Fransen werden dabei gleich mitgestrickt. Die Größe kannst du ganz leicht selbst anpassen, indem du mehr oder weniger Reihen strickst. Die Story deines Tuchs besteht aus 2 Kapiteln.

1. Kapitel: Gefranster Rand bald ganz bekannt

Du beginnst damit, 2 Maschen anzuschlagen. Danach strickst du einfach fortlaufend Muster 1 so lange, bis die Spannweite deines Tuches – also die Seite, an der du zugenommen hast – mindestens 1,70 m lang ist, damit es auch gut um den Hals passt. Du kannst das natürlich auch länger stricken.
Hat dein Tuch die passende Länge, bist du bereit für das 2. Kapitel.

2. Kapitel: Fransen an der Kante mochte schon die Tante

Hier wird nun ganz einfach nur abgekettet. Da die Kante analog zum Seitenrand sein soll, werden hier natürlich auch Fransen eingearbeitet.
Kette zuerst 1 Masche ab, dann folgst du Muster 2. Es ist dabei egal, an welcher Stelle der Muster du am Ende aller Maschen ankommst.

Mach es zu deiner Story

Natürlich hast du hier auch einige Variationsmöglichkeiten. Du kannst die Fransen auch in jeder Rückreihe machen oder nur in jeder 3. Rückreihe oder noch seltener.
Zusätzlich kannst du auch mit mehreren Farbstreifen arbeiten und dadurch noch mehr Farbe in dein Tuch bringen. Oder du setzt ganz einfach nach jedem verbrauchten Knäuel eine neue Farbe an, das gibt auch einen sehr interessanten Effekt, weil dadurch die Streifen immer schmaler werden, je breiter das Tuch wächst.

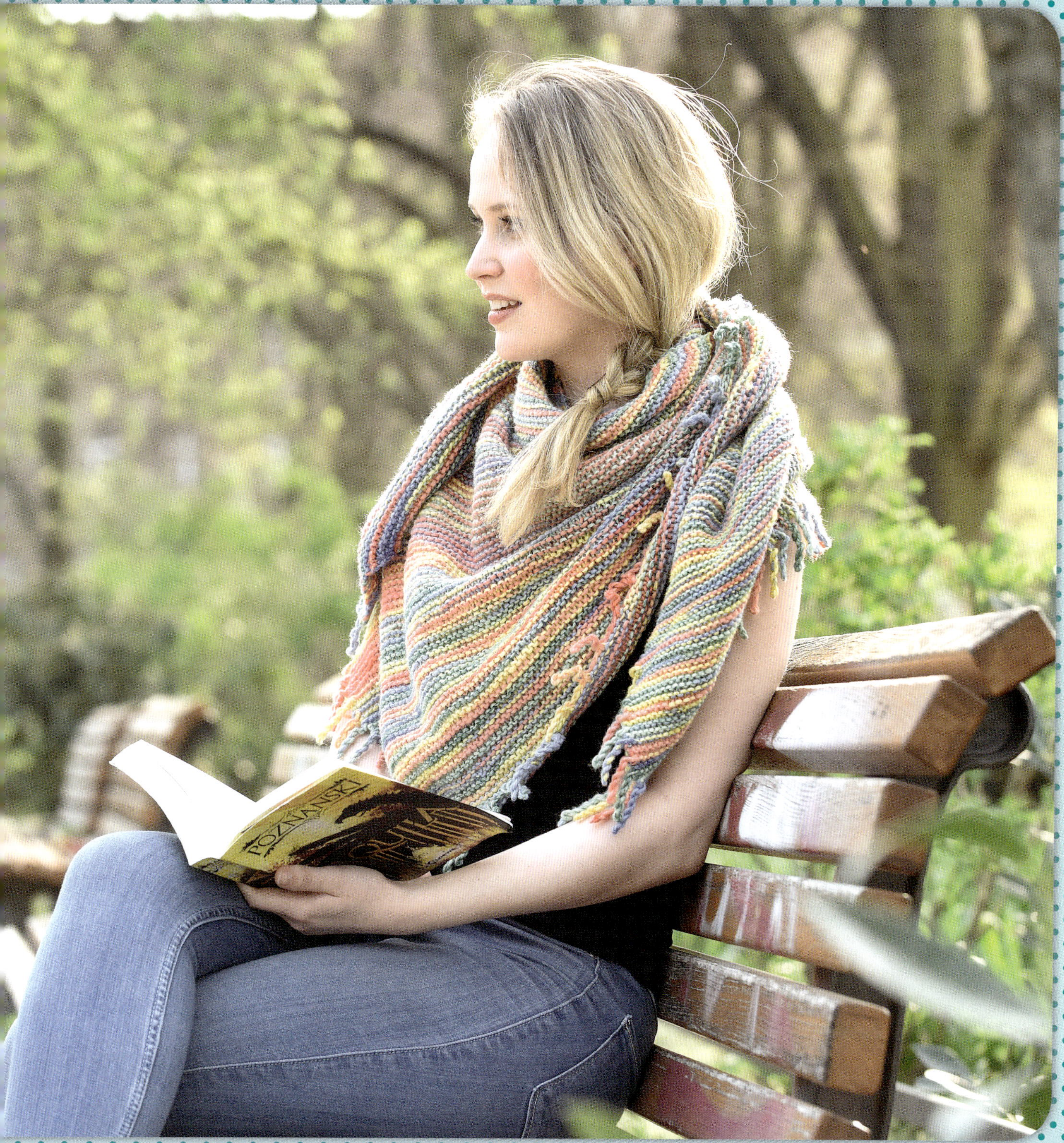
POZNANSKI

Benutzte Techniken

KFB

Die Masche einmal rechts abstricken, jedoch nicht von der Nadel gleiten lassen, dann die gleiche Masche noch einmal rechts verschränkt abstricken.

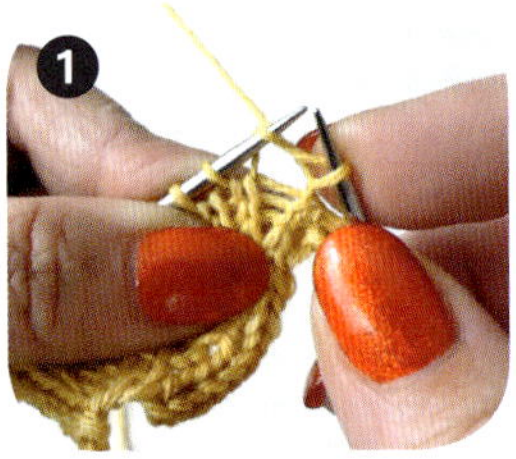

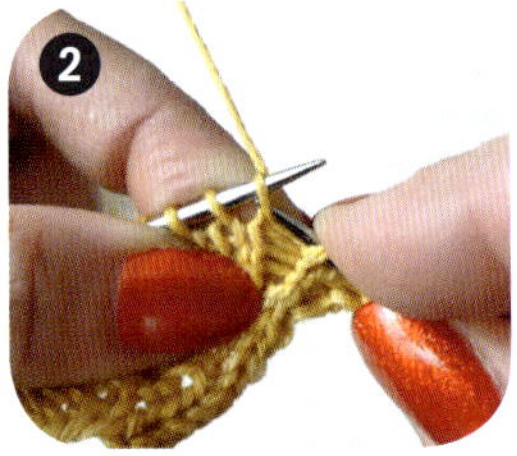

Fransen abketten

Kette deine Maschen wie gewohnt durch Überzug ab. Für eine Franse legst du die Schlaufe von der rechten Nadel zurück auf die linke Nadel, dann steckst du die rechte Nadel von vorn nach hinten in den Zwischenraum zwischen der 2. und 3. Masche auf der linken Nadel und ziehst den Arbeitsfaden von hinten nach vorn durch. Nimm nun den Faden auf den Finger und zieh ihn lang heraus. Damit deine Fransen gleichmäßig werden, nimm die Spanne zwischen 2 Fingern als Längenmaß. Die Spanne ist jeweils die doppelte Länge einer Franse. Nun den Zeigefinger einhängen und die Schlaufe stark um sich selbst drehen. Je stärker du drehst, desto fester deine Franse. Lege nun den Daumen in die Mitte der Kordel und falte den eben gedrehten Faden zur Hälfte und lege die Schlaufe des Zeigefingers auf die linke Stricknadel. Stricke nun die ersten 3 Maschen auf der Nadel rechts zusammen. Dann kannst du weiter durch Überzug abketten.

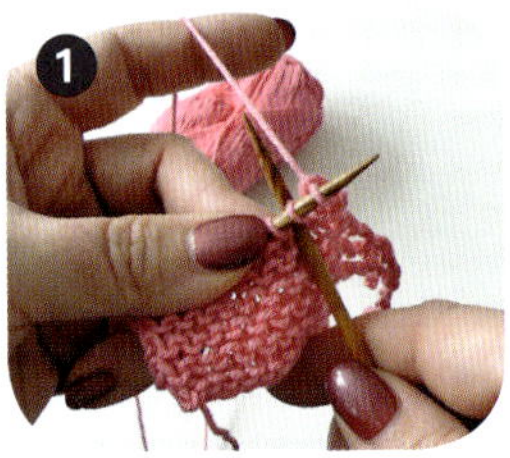

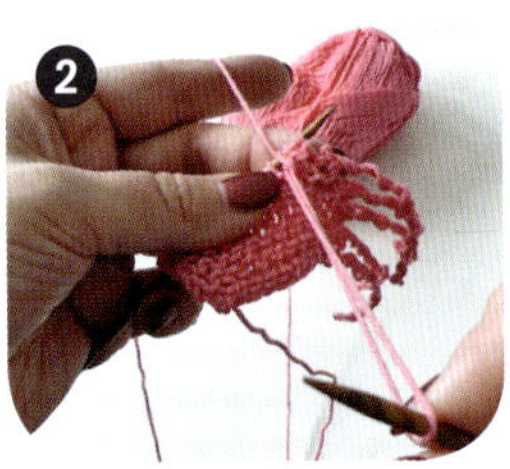

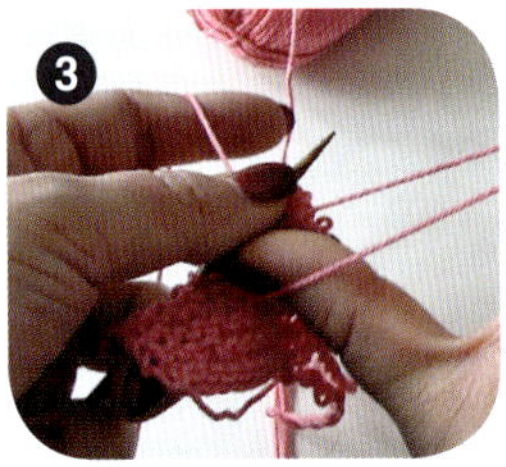

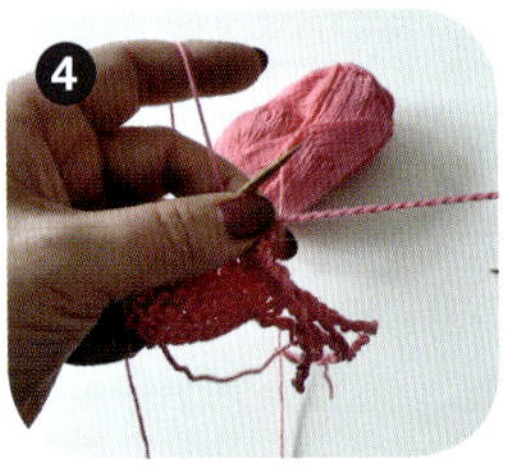

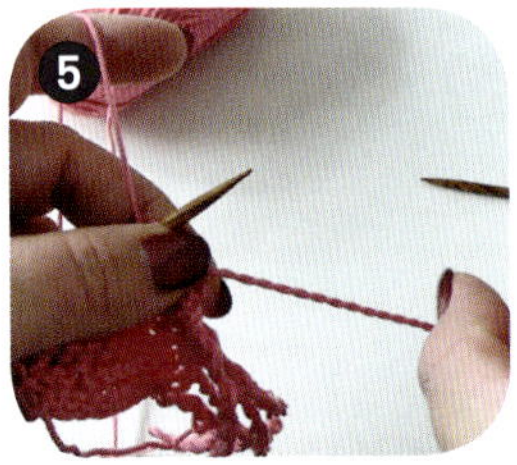

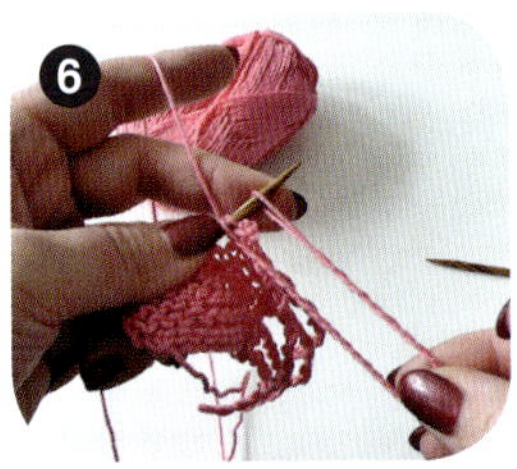

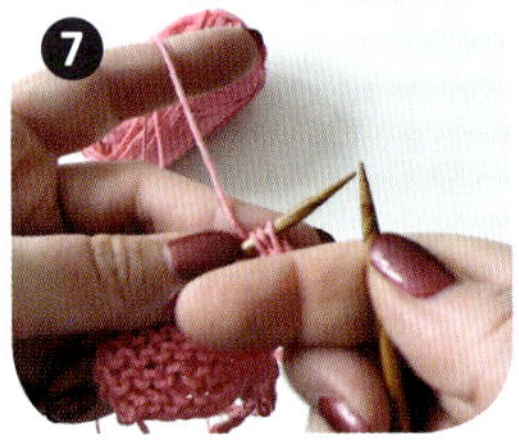

Fransen am Rand

Alle Maschen liegen auf der linken Stricknadel. Stich mit der Nadel von vorn nach hinten zwischen die 2 ersten Maschen ein und zieh den Arbeitsfaden von hinten nach vorn. Nimm nun den Faden auf den Finger und zieh ihn lang heraus. Damit deine Fransen gleichmäßig werden, nimm die Spanne zwischen 2 Fingern als Längenmaß. Die Spanne ist jeweils die doppelte Länge einer Franse. Nun den Zeigefinger einhängen und die Schlaufe stark um sich selbst drehen. Je stärker du drehst, desto fester deine Franse. Lege nun den Daumen in die Mitte der Kordel, falte den eben gedrehten Faden zur Hälfte und lege die Schlaufe des Zeigefingers auf die linke Stricknadel. Nun die Randmasche zusammen mit der Schlaufe abstricken.

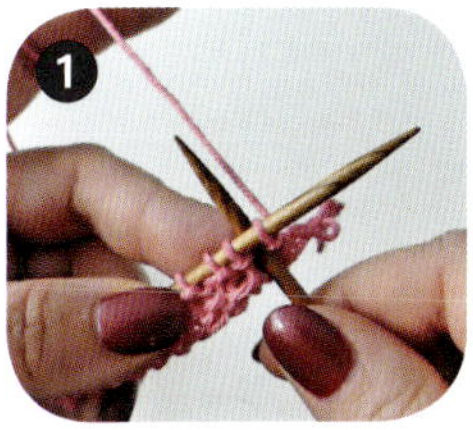

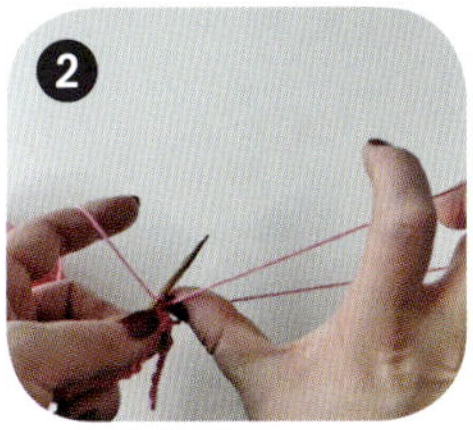

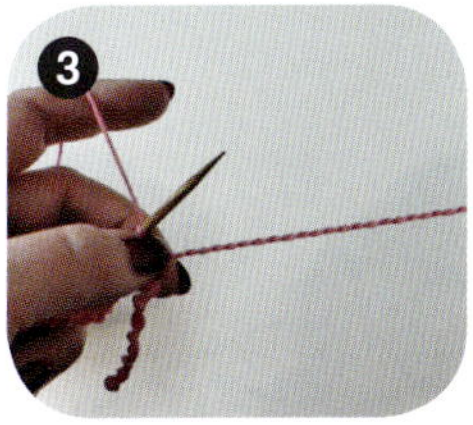

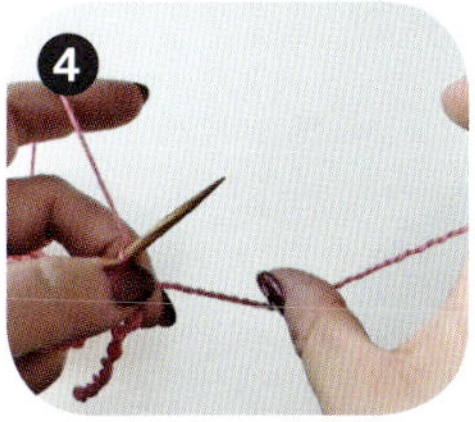

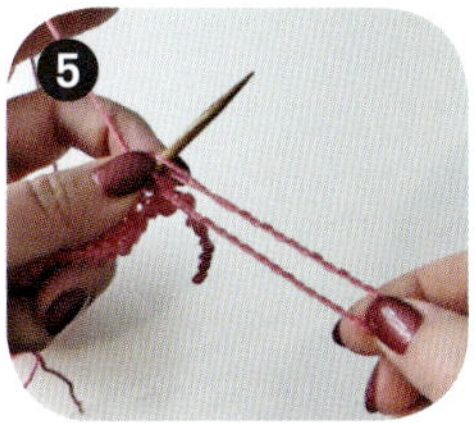

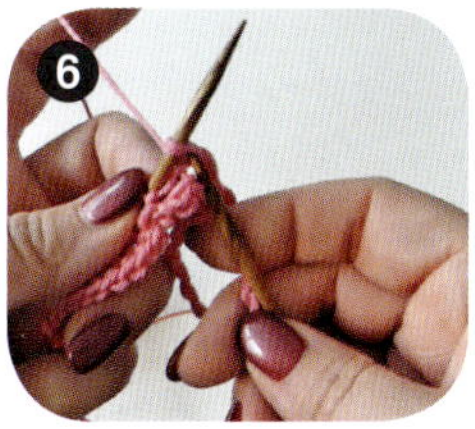

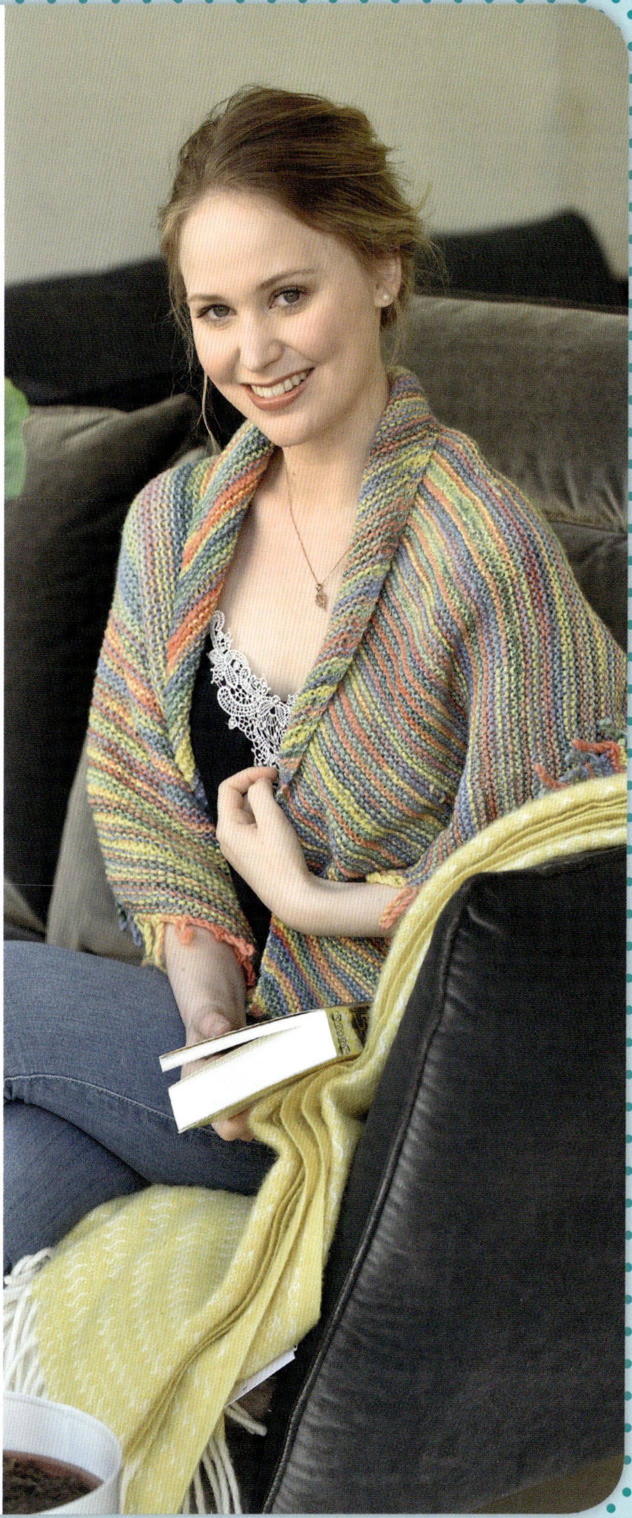

Let the Sunshine in

Größe
Einheitsgröße

Material
LANGYARNS Bloom (LL 450 m/150 g) in Orange Farbverlauf (Fb 60), 600 g
Stricknadeln 3,0 mm

Maschenprobe
Glatt rechts mit Nd 3,0 mm sind 24 M und 32 R = 10 cm x 10 cm

Deine Muster
Muster 1 in Reihen:
Kraus rechts. Hinreihe sowie Rückreihe alle M re stricken, auch die Randmaschen.

Muster 2 in Reihen:
Hinreihe: *1 M re, 2 M re zusammenstricken (REZ), 1 U*, fortlaufend wiederholen, enden mit 2 M re.
Rückreihe: Alle M re stricken.

Muster 3 in Reihen:
1. Reihe: 9 M re, *2 M re zusammenstricken (ReZ), 1 U, 8 M re* fortlaufend wiederholen, enden mit 9 M re.
2. Reihe: 8 M re, li Maschen bis 8 M vor dem Ende, letzte 8 M re.
3. Reihe: Alle M re stricken.
4. Reihe: 8 M re, li Maschen bis 8 M vor dem Ende, letzte 8 M re.

Diese Tunika sitzt einfach immer. Der Ausschnitt ist komplett mit Knöpfen gestaltet und kann somit jederzeit angepasst werden. Vom stylischen Off-Shoulder bis hin zur asymmetrischen Tunika oder sogar zum Poncho.

Die Story deiner Tunika

Die Tunika besteht aus 2 Rechtecken, die separat gestrickt werden. Am Ende kannst du sie mit Knöpfen oder mit Kordeln schließen und immer wieder neu gestalten. Die Geschichte deiner Tunika besteht aus 4 Kapiteln.

1. Kapitel: Das Löchlein sitzt ganz fein

Schlage 180 M an und stricke zuerst 4 Reihen Muster 1, dann 1 Mal Muster 2 und noch mal 4 Reihen Muster 1. Du hast also 2 Krausrippen gestrickt, 1 Lochreihe und noch mal 2 Krausrippen.
Hast du das 1. Kapitel beendet bist du bereit für das 2. Kapitel.

2. Kapitel: Auf in die Höh

Hier strickst du nun die Höhe deiner Tunika. Damit du auch jederzeit einen kleinen Gürtel durchziehen kannst, strickst du ein paar senkrechte Lochreihen ein. Keine Bange, die sind wirklich ganz leicht. Merke dir dabei nur eins: die Löcher liegen dabei immer übereinander. Wiederhole Muster 3 nun so lange, bis dein Strickstück in der Höhe 90 cm misst.
Du kannst hier die Höhe individuell anpassen. Halte dir einfach ein Strickstück vor den Körper und schau,

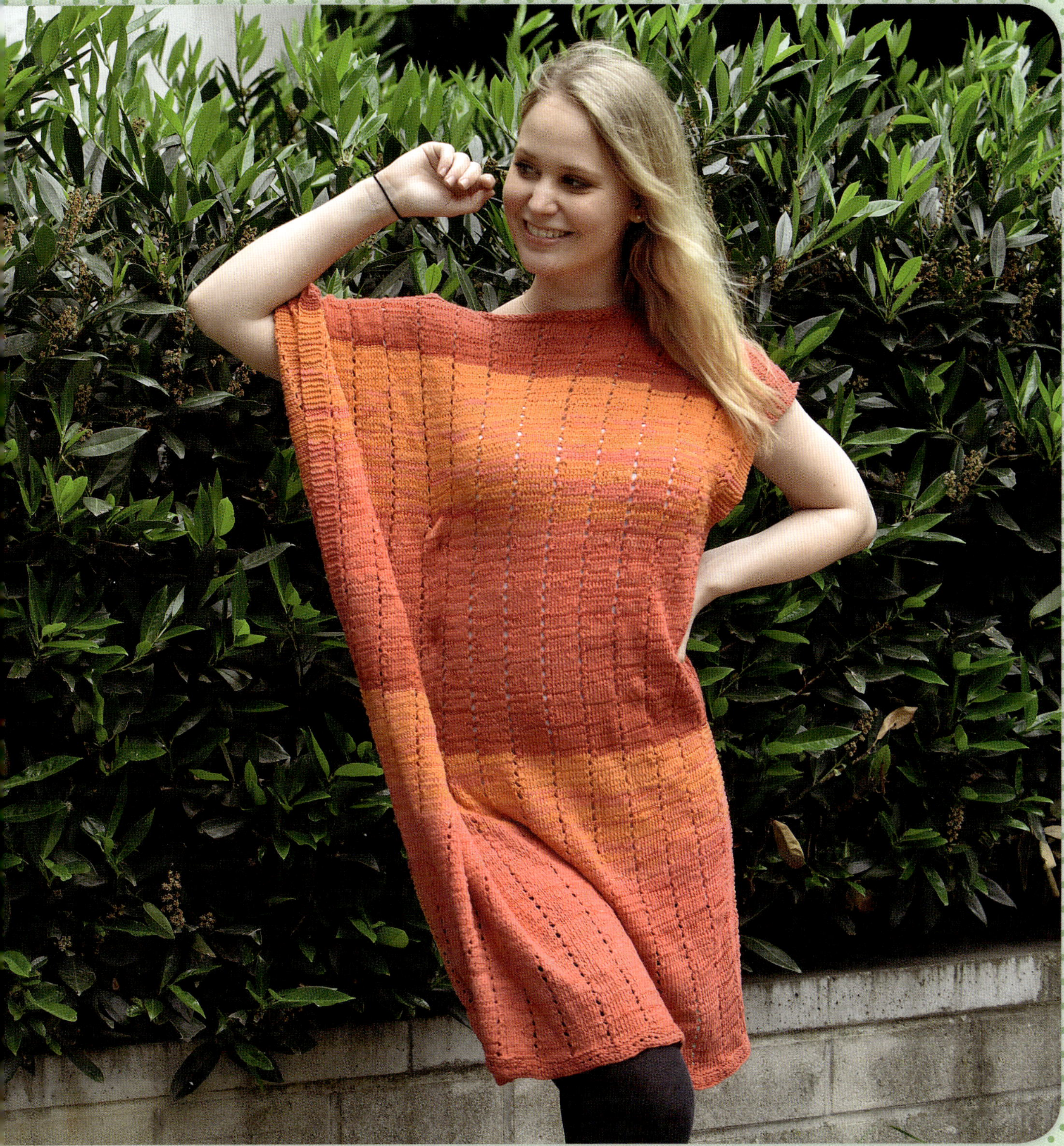

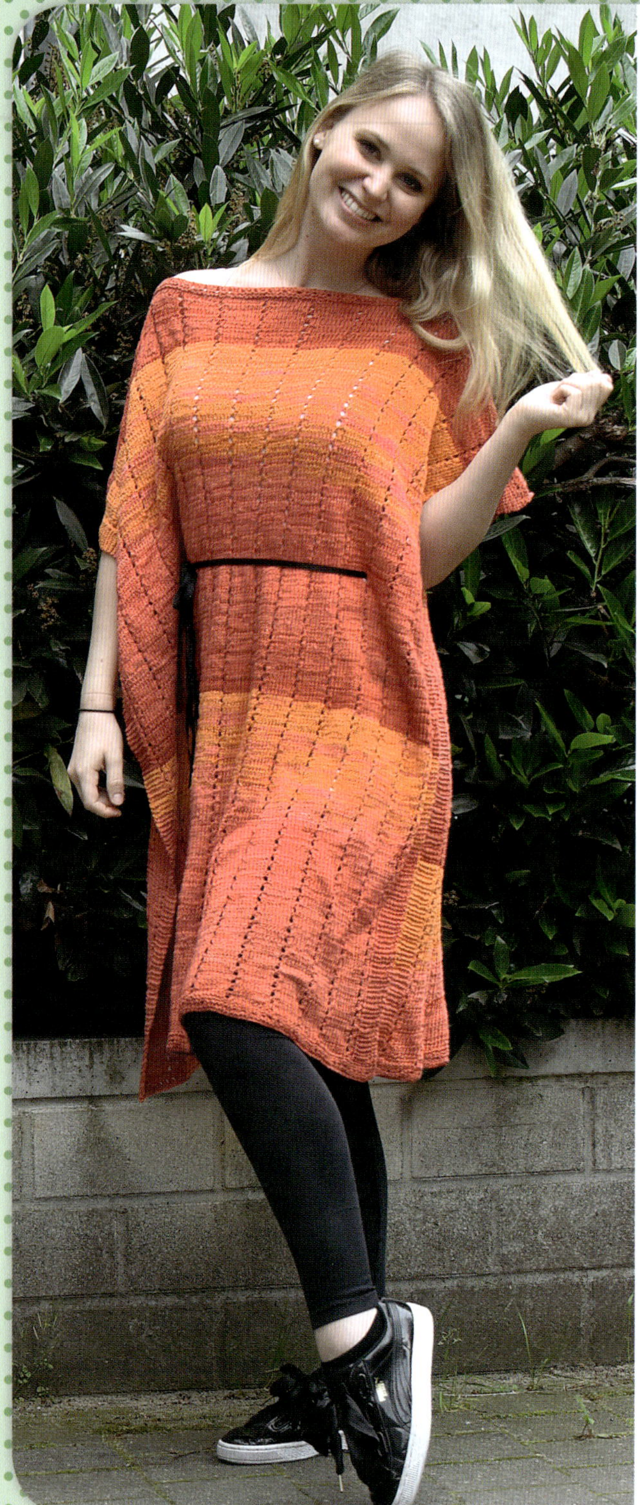

wie dir die Länge passt. Du kannst es länger oder kürzer stricken. Kürzer wird es zum Boxy Shirt, länger wird es dann eher ein Kleid. Einfach drauf los und und schön entspannen dabei ;) Hast du deine gewünschte Höhe erreicht, bist du bereit für das 3. Kapitel.

3. Kapitel: Gelocht und beendet ;)

Stricke hier 4 Reihen Muster 1, 1 Mal Muster 2 und noch 2 Reihen Muster 1. In der nächsten Reihe kettest du dann locker ab und schon ist das Vorderteil deiner Tunika fertig und du bist bereit für das 4. Kapitel.

4. Kapitel: Aus 1 mach 2 und aus 2 mach 1

Für deine Tunika brauchst du noch mal das passende Gegenstück. Hierfür strickst du nun zunächst einmal das 1. bis 3. Kapitel in der gleichen Länge wie dein Vorderteil. Die senkrecht laufenden Löcher helfen dir hier prima beim Zählen. Hast du dein Strickstück abgekettet, geht es nun ans Zusammenfügen.
Lege dir dafür beide Hälften so aufeinander, dass die Teile links auf links aufeinander liegen. Die rechte Seite des oberen Teils schaut dich also an. Nun nähst du an der rechten Seite, beginnend mit der unteren Ecke, beide Hälften zusammen und zwar bis 25 cm vor dem Ende, das ist nun dein Armloch.
Die Oberkanten kannst du nun schließen, indem du Bänder durch die Löcher ziehst zum Schließen oder

So passt's dir

Die Tunika hat im Grunde genommen Einheitsgröße. Die Länge kannst du selbst bestimmen, indem du die Rechtecke einfach länger strickst. Für große Größen, ab Größe 50, schlägst du 220 M an.

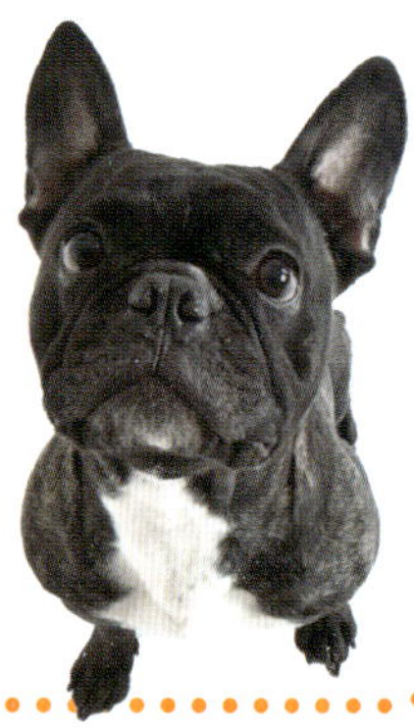

auf einer Seite hinter der Lochreihe kleine Knöpfe annähst, die auf der anderen Seite durch die Löcher passen.

Benutzte Techniken

Matratzenstich

Die Strickstücke so vor dich hinlegen, dass dich die rechte Seite ansieht. Nun mit dem langen Anfangsfaden von links kommend im rechten Strickstück in das V der Randmasche einstechen und aus dem V der darüber liegenden Randmasche wieder ausstechen. Dann auf dem linken Strickstück ebenfalls in das erste V einstechen und im darüber liegenden V wieder ausstechen. Jetzt wieder auf der rechten Seite einstechen und zwar in das V, in welchem du zuvor ausgestochen hast, und in der darüber liegenden Masche wieder ausstechen. Das gleiche auf der linken Seite machen. So jeweils im Zickzack über beide Teile arbeiten, bis man oben angekommen ist. Zwischendurch den Faden immer wieder anziehen, damit sich beide Seiten verbinden.

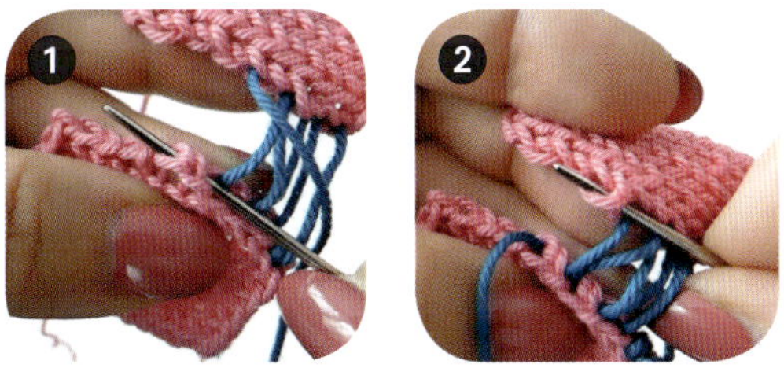

Knöpfe auf Strick annähen

Um Knöpfe auf Strick anzunähen solltest du, damit dein Strickstück nicht ausreißt, von unten einen kleinen Wäscheknopf unterlegen oder ein kleines Stück Filz.

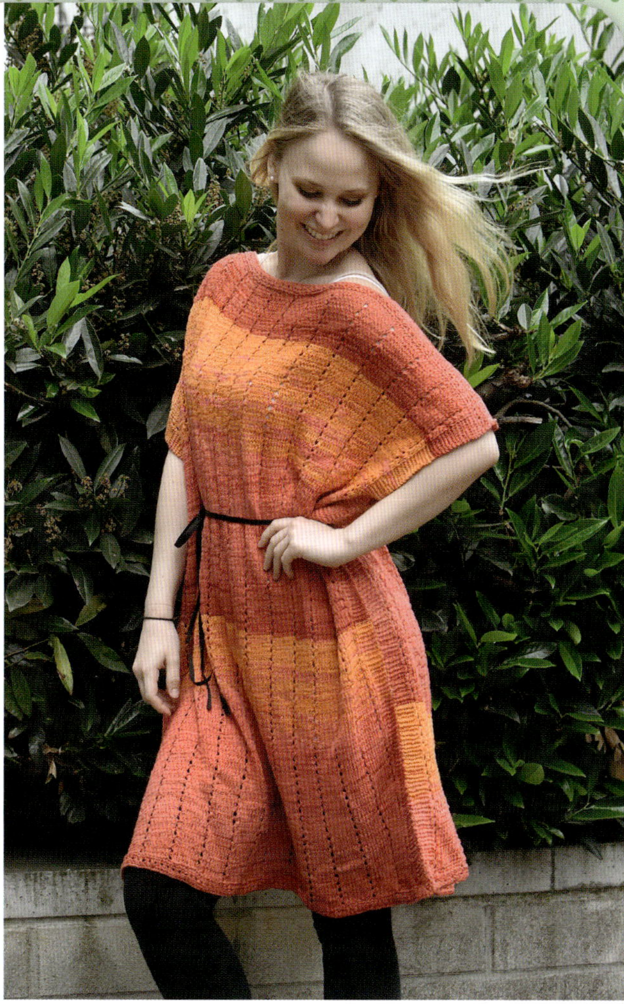

Mach es zu deiner Story

Jetzt kannst du deine Tunika auf viele Arten tragen. Entweder legst du das Loch für den Kopf mittig und ziehst sie über den Kopf und dann einen Gürtel in der Mitte zum Schließen. Oder du schnürst oder knöpfst die Halsöffnung so, dass sie etwa 15 - 20 cm von der zugenähten Seite entfernt ist. Damit bekommst du eine asymmetrische Tunika mit einem Kimono-Arm. Lässt du hingegen die Halskante ganz offen, kannst du deinen Kopf durch das Armloch an der zugenähten Seite stecken und schon hast du einen stylischen Poncho.

Pretty in Pink

Größe

34	36	38	40	42	44	46	48	50	52	54	56
158	165	172	181	190	199	208	221	234	246	259	271
Richtwert Maschen in der Runde											

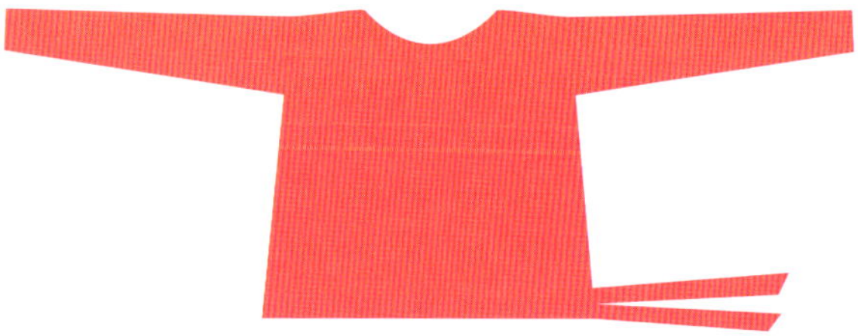

Material

Crasy Embrace (LL 130 m/50 g) in Kirschrot (Fb 517), 500 g
Stricknadeln 3,5 mm

Maschenprobe

Glatt rechts mit Nd 3,5 mm sind 18 M und 26 R = 10 cm x 10 cm

Deine Muster

Muster 1 in Reihen:

Kraus rechts. Hinreihe sowie Rückreihe alle M re stricken, auch die Randmaschen.

Muster 2 in Reihen:

1. Reihe: 8 M li, KFB, re M bis 9 M vor dem Ende, KFB, 8 M li.
2. Reihe: Alle M li stricken.
3. Reihe: 8 M li, alle M re bis 8 M vor dem Ende, 8 M li.
4. Reihe: Alle M li.

Muster 3 in Reihen:

1. Reihe: 1. M abheben, alle M rechts stricken, 8 M am Ende aufstricken.
2. Reihe: 1. M abheben, alle M links stricken, 8 M aufstricken.

Muster 4 in Reihen:

1. Reihe: Alle M re stricken.
2. Reihe: 8 M re, li M bis 8 M vor dem Ende, 8 M re.

Muster 5 in Reihen:

1. Reihe: Alle M re stricken.
2. Reihe: Alle M li stricken.
3. Reihe: 1 M re, *1 ReZ (2 M re zusammenstricken), 1 U* bis zum Ende der R stricken, enden mit 2 M re.
4. Reihe: Alle M re stricken.

Muster 6 in Reihen:

1. Reihe: Alle M re, 8 M aus der Unterkante des Vorderärmels aufnehmen.
2. Reihe: Alle M li, 8 M aus der Unterkante des Vorderärmels aufnehmen.

Benutzte Techniken

Maschen aus kraus rechtem Rand aufnehmen

Lege das Strickstück mit der rechten Seite nach oben vor dich hin, so dass die Seitenkante oben liegt. Nun von rechts nach links in die senkrecht stehende Masche mit der Nadel einstechen, den Faden holen und durch die Masche ziehen – 1 Masche wurde aus dem Rand aufgenommen.

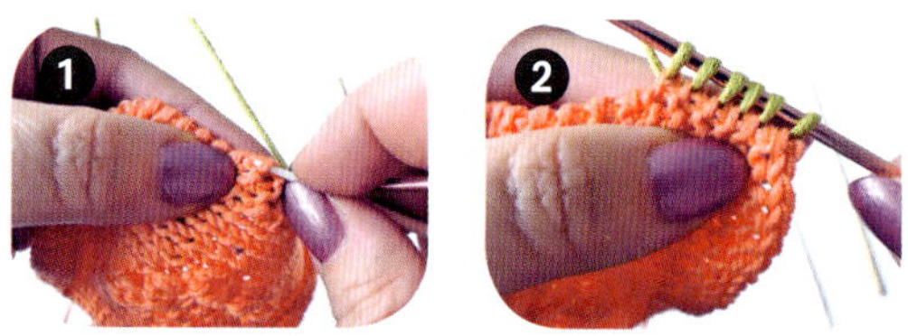

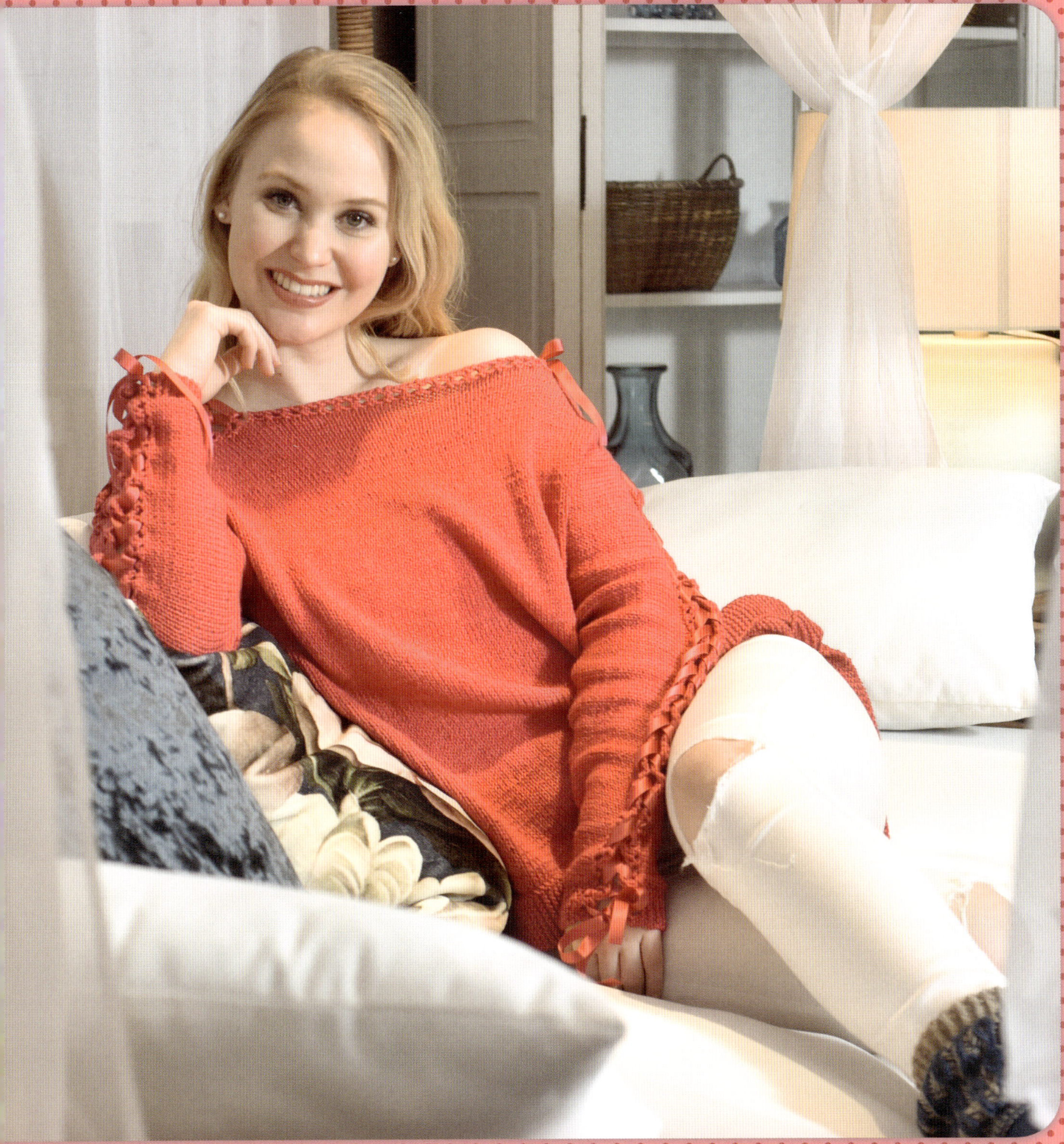

Maschen am Ende von Strickstücken zunehmen

Steche mit der linken Nadel von vorn nach hinten zwischen die letzte und die vorletzte Masche ein. Hol dir nun den Arbeitsfaden und lege ihn auf die rechte Stricknadel. Nun wieder zwischen den jetzt letzten beiden Maschen einstechen, den Faden holen und auf die rechte Stricknadel legen. Den Vorgang so lange wiederholen, bis alle erforderlichen Maschen angeschlagen sind.

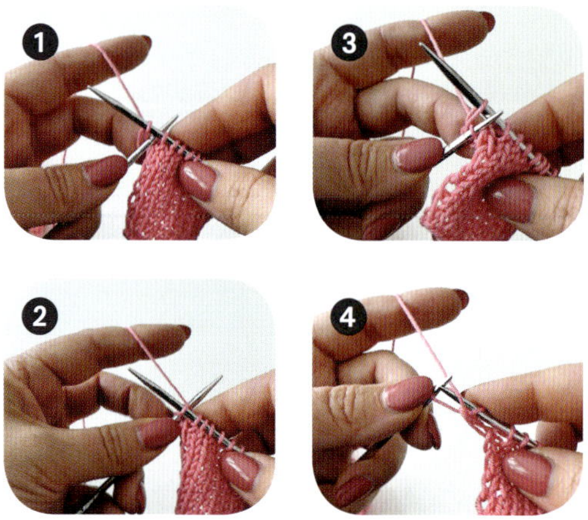

KFB

Die Masche einmal rechts abstricken, jedoch nicht von der Nadel gleiten lassen, dann die gleiche Masche noch einmal rechts verschränkt abstricken.

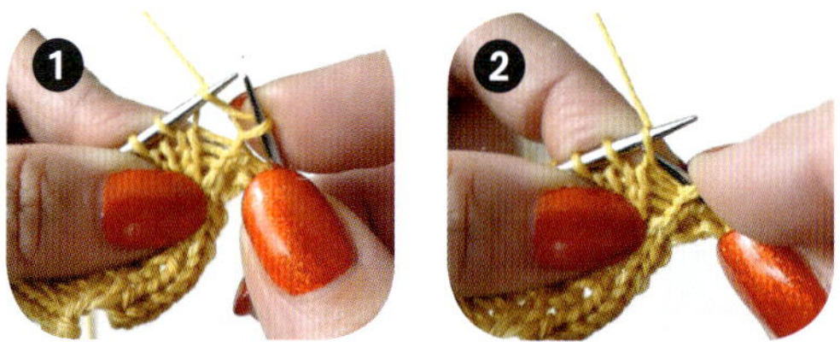

Der locker sitzende Schnürpulli ist einfach ein absoluter Hingucker. Durch den variablen Ausschnitt mit der Schnürung kannst du ihn vom klassischen U-Boot Neck über einen einseitigen Off-Shoulder-Pulli bis hin zum Carmen Ausschnitt stylen. Verschiedenfarbige Bindebänder kreieren hier deinen ganz individuellen Look.

Die Story deines Pullis

Der Pulli wird beim Bindeband begonnen und von unten nach oben gestrickt. Alles ergibt sich aus der Länge des Bandes, du brauchst also keine Maschenprobe und kannst einfach losstricken. Die Story deines Pullis besteht aus 6 Kapiteln.

1. Kapitel: Ein kleines Band ist schnell zur Hand

Schlage 11 Maschen an und stricke nun nach Muster 1, du strickst also kraus rechts. Mit der Länge des Bandes bestimmst du am Ende die Weite deines Pullis. Er muss also unbedingt einmal locker um die Hüften reichen plus mindestens 60 cm mehr, damit man ihn auch binden kann. Das heißt, das Band sollte mindestens 1,40 m lang sein. Du kannst zwischendurch immer wieder anprobieren und binden. Je nachdem, welcher Teil deines Körpers mehr Umfang hat – die Hüften oder die Brust – solltest du an dieser Stelle anprobieren. Hat dein Band die passende Länge bist du bereit für das 2. Kapitel.

2. Kapitel: Vom Band zur Pulliwand

Binde nun dein Band einmal locker um deine Hüfte oder Brust (je nachdem, welche Stelle mehr Umfang hat) und markiere dir die Punkte, wo das Band vor dem Knoten aufeinander trifft, mit einem Maschenmarkierer. Wenn du möchtest, dass dein Band symmetrisch ist an den En-

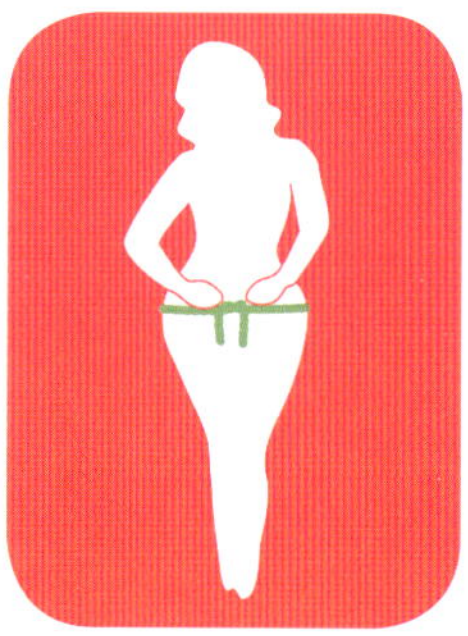

den, solltest du nun die Rippen zählen, und jeweils die Enden gleich lang machen. Wenn es für dich ok ist, dass die Enden eventuell unterschiedlich lang sind, kannst du nun aus dem kraus rechten Rand die Maschen für deinen Pulli aufnehmen. Schaue hier, an welcher Seite du den Knoten später haben möchtest (rechts oder links) und beginne entsprechend mit der Maschenaufnahme. Die Aufnahmereihe ist bereits die erste Hinreihe. Stricke dann eine Rückreihe linke Maschen.
Folge nun Muster 2 für insgesamt 22 Reihen, also 11 Hin- und Rückreihen.
In der nächsten Hinreihe schließt du deine Arbeit zur Runde, indem du die erste mit der letzten Masche rechts zusammenstrickst. Hänge dir hier einen Maschenmarkierer ein, der deinen Rundenanfang markiert.
Nun wird glatt rechts in Runden gestrickt. Um einen schönen Übergang an der kraus rechten Seitenkante zum Pulli zu schaffen, strickst du nun in jeder 2. Runde die 15 M über der krausen Kante links. So bleiben diese Maschen ebenfalls kraus. Stricke dabei jeweils die erste und letzte Krausmasche immer rechts, so wird der kraus rechte Teil immer schmaler, bis schließlich nur noch eine Krausmasche übrig bleibt. Bist du hier angekommen, bist du bereit für das 3. Kapitel.

3. Kapitel: Fröhlich in Runden – entspannt in Sekunden

Stricke nun einfach rechte Maschen in Runden immer fröhlich vor dich hin, bis dein Pulli eine Gesamtlänge von mindestens 40 cm hat. Du kannst hier natürlich auch länger stricken und damit einen Long-Pulli machen. Wenn du es anprobierst, so beginnt das 4. Kapitel direkt unter den Achseln, wenn du also die Länge variieren möchtest, so lange glatt rechts in Runden stricken, bis der Pulli so lang ist, dass er bis unter die Achseln reicht.

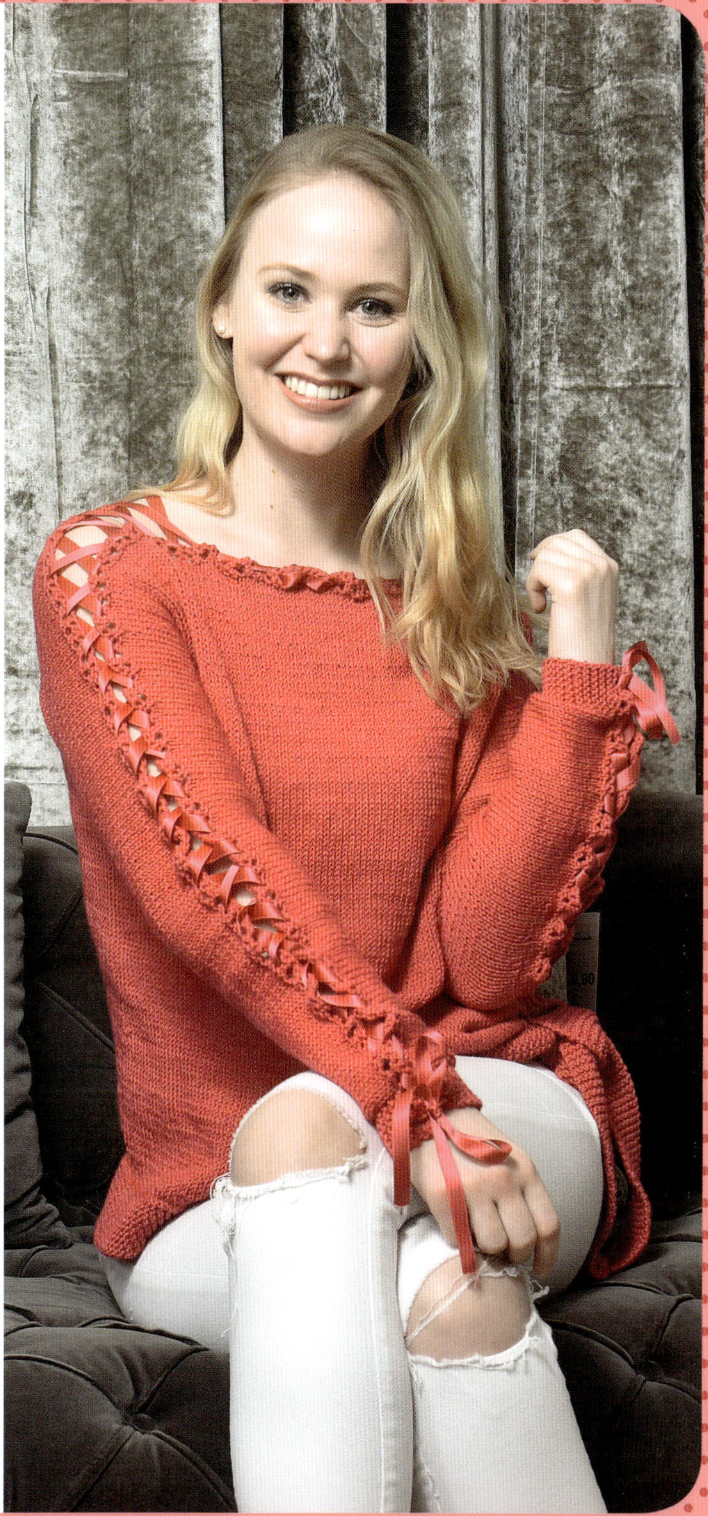

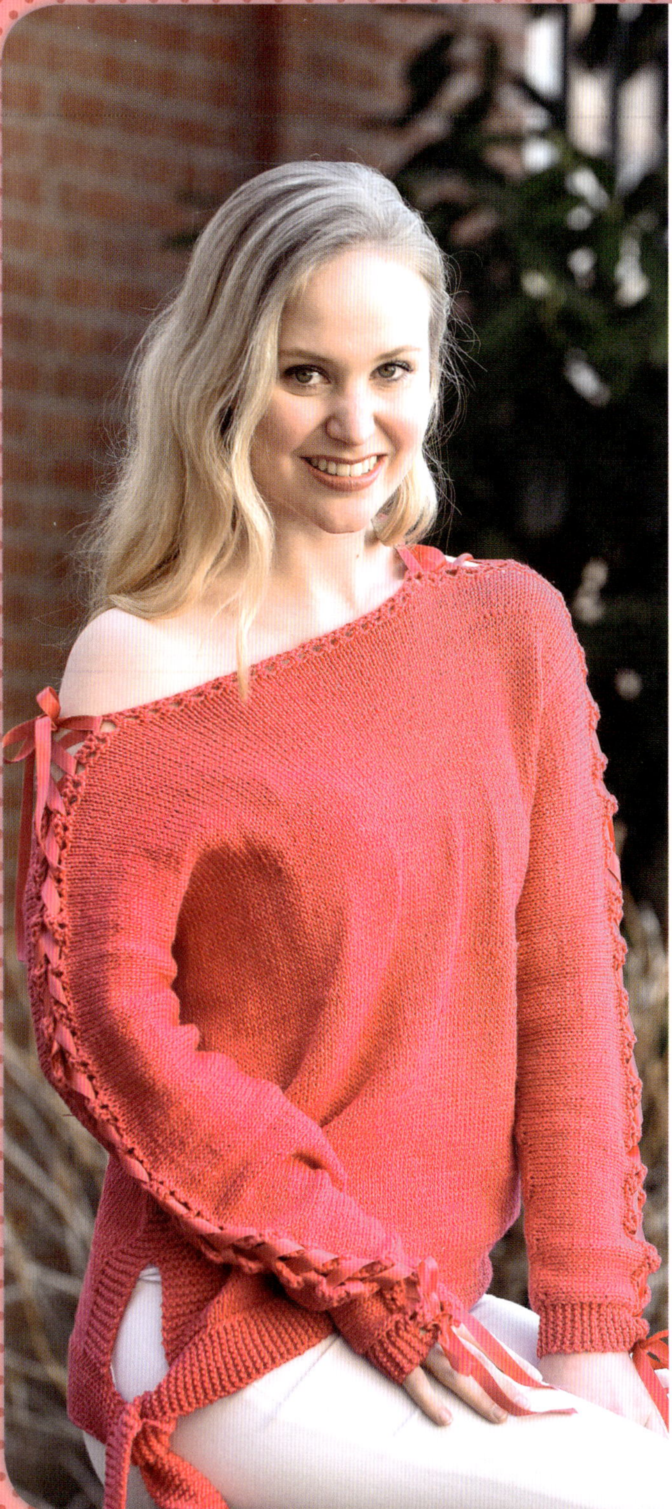

Ist deine Länge erreicht, bist du bereit für das 4. Kapitel.

4. Kapitel: Geteilter Arm ist halber Arm

Teile nun deine Arbeit in der Mitte und zwar vom Maschenmarkierer ausgehend strickst du nun die Hälfte der Maschen rechts und teilst dort deine Arbeit. Die restlichen Maschen legst du still. Nun 8 neue Maschen aufnehmen, wenden, die erste Masche abheben, in der Rückreihe alle Maschen links stricken und am Ende der Reihe wieder 8 Maschen aufnehmen.
Folge nun Muster 3, bis dein Ärmel die gewünschte Länge hat. Hier kannst du nun frei die Länge deines Ärmels bestimmen. Ein langer Ärmel hat ab Beginn des Ärmels eine Länge von 40 cm, du kannst aber auch einen kurzen Ärmel arbeiten, einen halben Ärmel oder einen 3/4 Ärmel, je nach Geschmack.

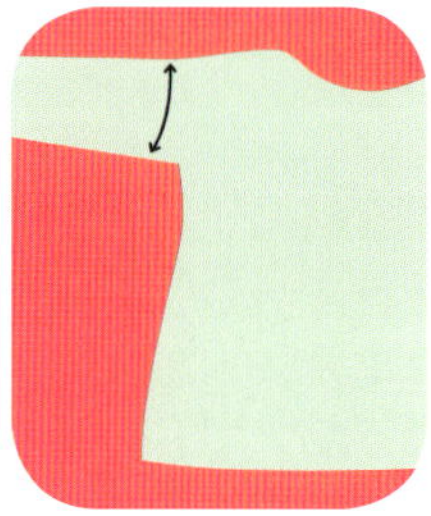

Hat dein Ärmel die gewünschte Länge erreicht, so folgst du nun Muster 4 und zwar so lange, bis dein Ärmel an der breitesten Stelle so hoch ist, wie die Armausschnitthöhe laut Tabelle auf Seite 85. Als Abschluss noch die 4 Reihen aus Muster 5 stricken und auf der nächsten Hinreihe abketten. Ist das erreicht, bist du bereit für das 5. Kapitel.

5. Kapitel: Den Arm mach ganz so sagt der Hans

Ist die Vorderseite deines Ärmels beendet, fehlt natürlich noch die Rückseite. Die funktioniert genau so, wie die Vorderseite, nur dass wir nun aus den Maschen des Vorderärmels direkt die neuen Maschen aufnehmen. Wer das nicht möchte, kann natürlich den Ärmel auch genau so wie den Vorderärmel stricken und dann die Hälften unten im Maschenstich zusammennähen. Folge nun

Muster 6 so lange, bis alle Maschen aus dem vorderen Ärmel aufgenommen sind. Damit ist der hintere Ärmel genau so lang wie der vordere Ärmel. Stricke danach nach Muster 4 den hinteren Ärmel 2 cm höher als den vorderen Ärmel und beende deine Arbeit mit Muster 5.

6. Kapitel: 50 Shades of Wolle ;)

Nun natürlich noch alle Fäden vernähen und jetzt kann in die Löcher ein Satinband eingezogen werden. Am besten benutzt du hierfür 2 Bänder von jeweils mindestens 2 m Länge. Du kannst aber auch selbst eine Strickkordel fertigen und diese einfädeln. Auch eine schicke Kordel sieht hier gut aus. Beginne am besten vom Ärmel an deine Schnüre in Richtung Hals einzufädeln, so kannst du immer ganz schnell deinen Ausschnitt ändern. Am Ausschnitt selbst fädelst du deine Schnüre einfach immer nur um die Löcher herum quer hindurch.

So passt's dir

Da sich hier alles aus der Länge des Bindebandes ergibt, musst du dieses einfach nur in der passenden Länge stricken und schon ergibt sich der Rest von ganz allein. Die Breite des Bandes kannst du variieren, auch die Länge der Ärmel und ebenfalls die Weite der Ärmel und natürlich die Weite deines gesamten Pullis. So kannst du es also auch eng anliegend und körperbetont oder ganz leger stylen.

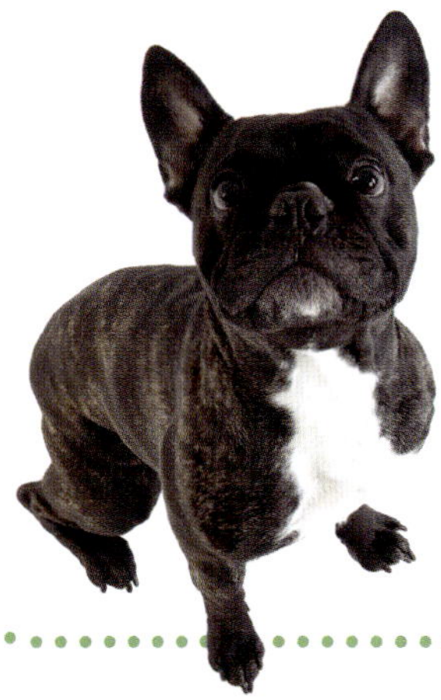

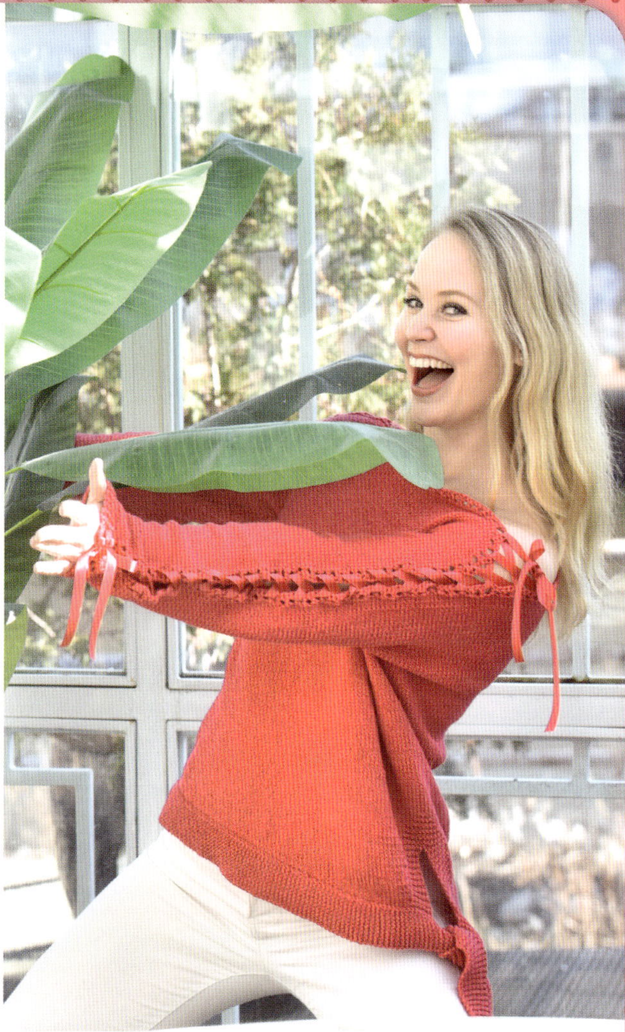

Mach es zu deiner Story

Ich empfehle dir, auch mal verschiedene Schnürtechniken auszuprobieren, damit gibst du deinem Pulli einen ganz besonderen Pepp. Im Internet habe ich ganz viele neue Schnürtechniken gefunden, die ich noch gar nicht kannte. Du kannst deinen Ausschnitt leicht verändern und mit Schmuckkordeln oder Ketten oder Knöpfen deinen Pulli immer wieder neu gestalten. Ein bisschen Farbe kommt in die Sache, wenn du Kapitel 1 und Muster 5 in einer Kontrastfarbe strickst.

Beautiful Berry

Größe
Einheitsgröße

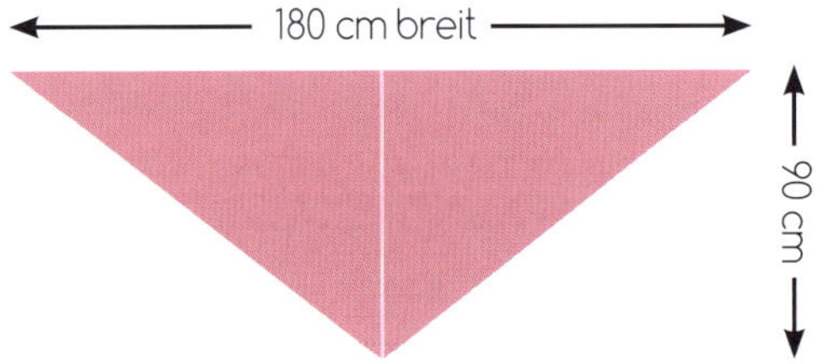

Material
Atelier Zitron Infinito (LL 500 m/100 g) in Beere Farbverlauf (Fb 02), 200 g, Stricknadeln 3,5 mm

Maschenprobe (nicht unbedingt nötig)
Glatt rechts mit Nd 3,5 mm sind 30 M und 42 R = 10 cm x 10 cm

Deine Muster

Muster 1 in Reihen:
KFB, re M bis zum MM, PFB, li M bis Ende.

Muster 2 in Reihen:
PFB, li M bis zum MM, KFB, re M bis Ende.

Muster 3 in Reihen:
KFB, *1 M li, 1 M re* bis zum MM, KFB, *1 M li, 1 M re* bis zum Ende.

Dieses schicke Tuch ist wirklich einfach zu stricken, denn die Abfolge der Zunahmen ist einfach und meditativ. Die breiter werdenden Querrippen wechseln dabei jeweils in der Mitte, weshalb das Tuch von beiden Seiten gleich aussieht.

So passt's dir

Die Größe des Tuchs kannst du ganz einfach anpassen, indem du weniger Reihen strickst. Die Spannweite sollte aber an der äußeren Zunahmekante mindestens 1,50 m haben, sonst rutscht es dir vom Hals. Beachte dabei, dass dein Tuch nach dem Waschen noch um etwa 20% wächst.

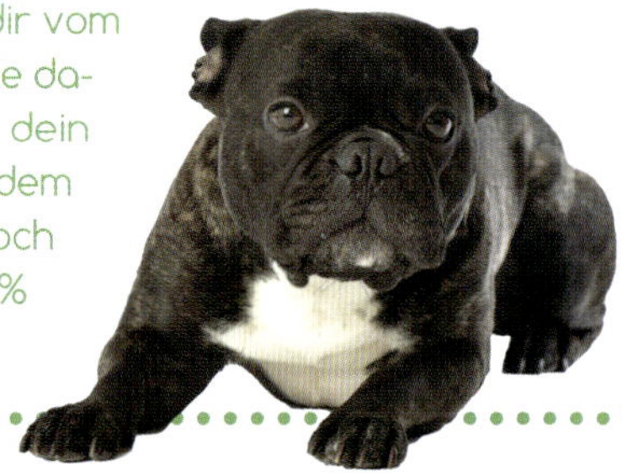

Die Story deines Tuchs

Das Tuch wird oben in der Mitte begonnen und nach unten gestrickt. Die Streifenfolge kannst du jederzeit ändern. Am Schluss endest du mit einer Kante im Perlmuster bzw. großen Perlmuster. Die Story deines Tuch besteht aus 7 Kapiteln.

1. Kapitel: Auf und hopp

Schlage 4 Maschen an und stricke eine Rückreihe linke Maschen, hänge dir dabei in der Mitte einen Maschenmarkierer ein. Das war's schon, ab jetzt kommt der Entspannungsteil ;)

2. Kapitel: Schmale Rippen

Hier strickst du nun im schmalen Rippenmuster. Es ergeben sich jeweils Querrippen in einer Höhe von 2 Reihen. Stricke jeweils 2 Mal Muster 1 gefolgt von 2 Mal Muster 2.
Stricke das 2. Kapitel insgesamt 11 Mal, so hast du 11 Querrippen, dann bist du bereit für das 3. Kapitel.

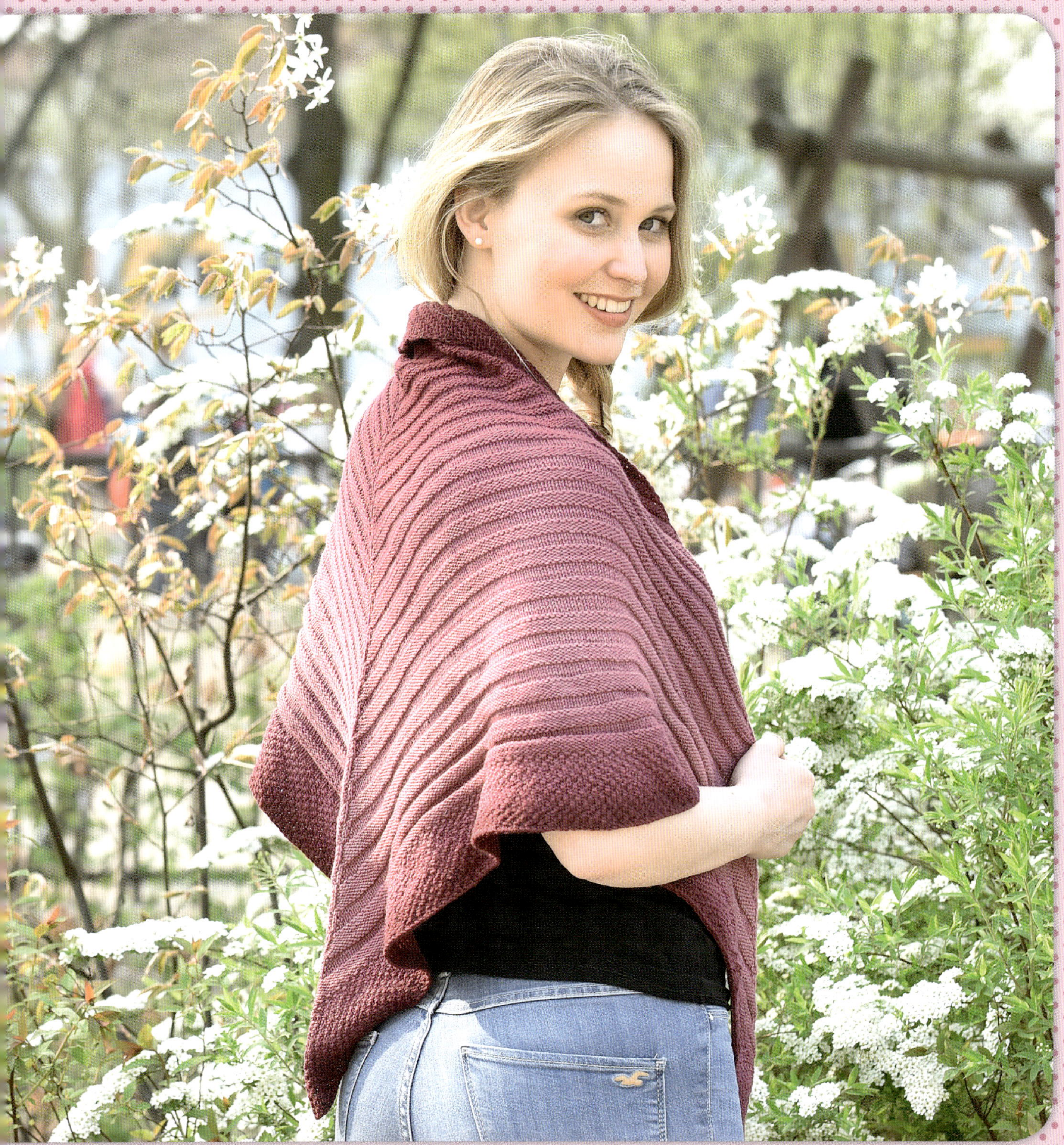

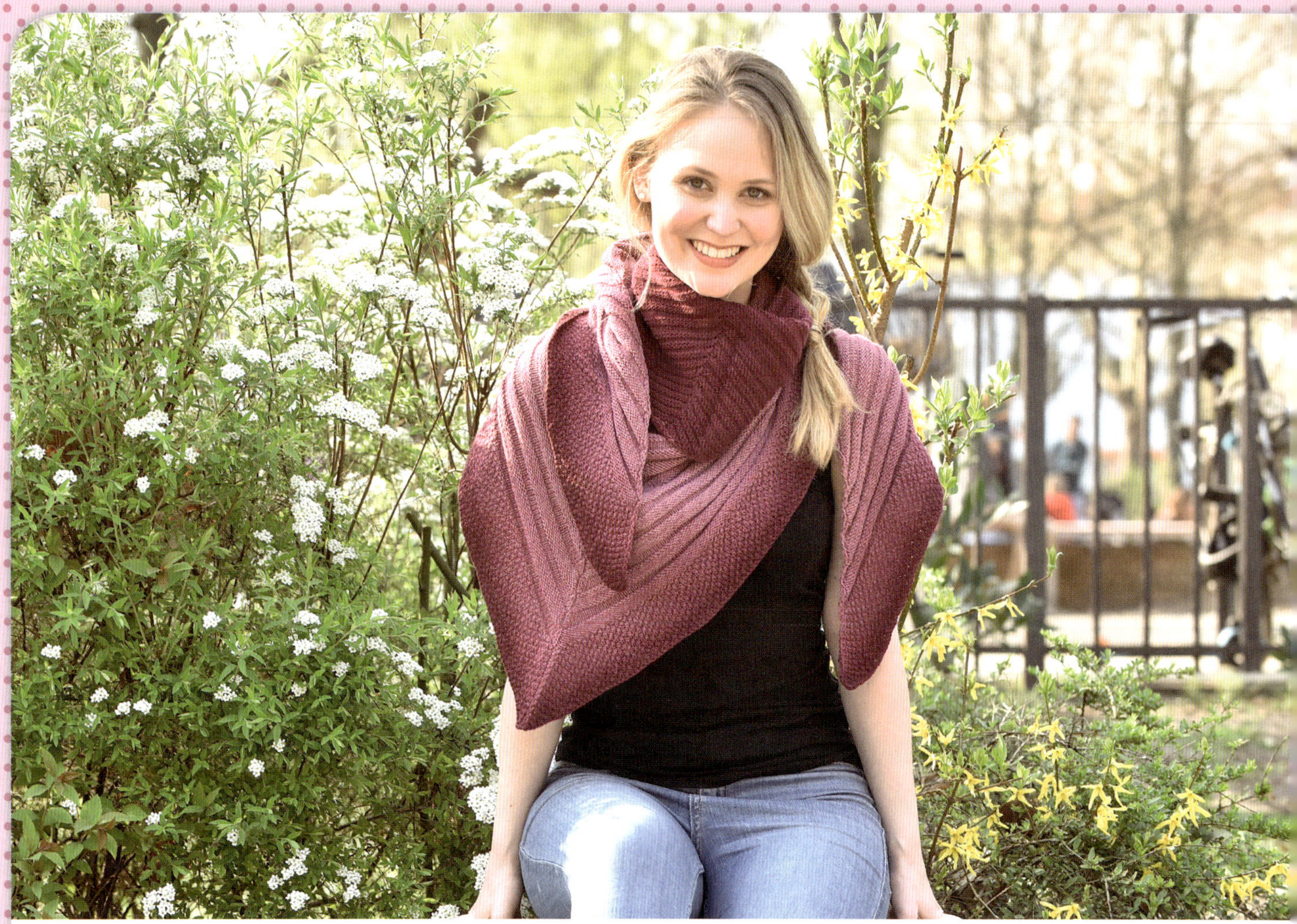

3. Kapitel: Es wird breiter …

Dein Rippenmuster wird breiter, deine Querrippen haben nun eine Höhe von 3 Reihen. Stricke dafür jeweils 3 Mal Muster 1 gefolgt von 3 Mal Muster 2. Stricke das 3. Kapitel insgesamt 8 Mal, du hast am Ende also 8 Querrippen und bist bereit für das 4. Kapitel.

4. Kapitel: … und immer breiter …

Dein Rippenmuster wird breiter, deine Querrippen haben nun eine Höhe von 4 Reihen. Stricke dafür jeweils 4 Mal Muster 1 gefolgt von 4 Mal Muster 2. Stricke das 4. Kapitel insgesamt 6 Mal, du hast am Ende also 6 Querrippen und bist schon bereit für das 5. Kapitel.

5. Kapitel: … und noch breiter …

Dein Rippenmuster wird breiter, deine Querrippen haben nun eine Höhe von 5 Reihen. Stricke dafür jeweils 5 Mal Muster 1 gefolgt von 5 Mal Muster 2. Stricke das 5. Kapitel insgesamt 4 Mal, du hast am Ende also 4 Querrippen und bist bereit für das 6. Kapitel.

6. Kapitel: … und noch mal breiter

Dein Rippenmuster wird breiter, deine Querrippen haben nun eine Höhe von 6 Reihen. Stricke dafür jeweils 6 Mal Muster 1 gefolgt von 6 Mal Muster 2.
Stricke das 6. Kapitel insgesamt 2 Mal, du hast am Ende also 2 Querrippen und bist bereit für das 7. Kapitel.

7. Kapitel: Noch eine Kante dran – schon fertig ist es dann

Als Abschluss strickst du nun noch Muster 3 einfach so lange, bis du noch genügend Garn zum Abketten hast. Als Faustregel sollte dein Endfaden für das Abketten 4 Mal so lang sein, wie die Strecke, die alle Maschen auf der Nadel ergeben. Eins gibt es hier noch zu beachten – endest du jeweils vor dem Maschenmarkierer und am Ende mit einer linken Masche, so ergibt sich ein großes Perlmuster, endest du jeweils mit einer rechten Masche vor dem Markierer und vor dem Ende, so ergibt sich ein einfaches Perlmuster. Je nachdem, was du lieber möchtest, musst du für die jeweils andere Variante vor dem Markierer und vor dem Ende noch 1 Masche zusätzlich zunehmen, um in den jeweils anderen Musterrhythmus zu gelangen.
Am Ende kettest du alle Maschen ab, vernähst die Fäden, gönnst deinem Tuch noch ein Entspannungsbad und schon kannst du es nach dem Trocknen ausführen.

Mach es zu deiner Story

Du kannst die Streifenbreite jeweils beliebig ändern und zwischen breiten und schmalen Streifen abwechseln oder du machst einfach alle Streifen gleich breit. Du kannst auch jeweils weniger Wiederholungen der Kapitel stricken und dafür einfach deine Streifen immer breiter machen. Auch kannst du die jeweiligen Streifen in unterschiedlichen Farben stricken, so erreichst du noch einen extra Effekt.

Benutzte Techniken

KFB

Die Masche einmal rechts abstricken, jedoch nicht von der Nadel gleiten lassen, dann die gleiche Masche noch einmal rechts verschränkt abstricken.

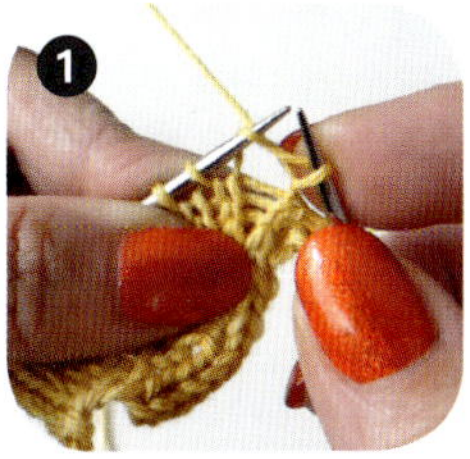

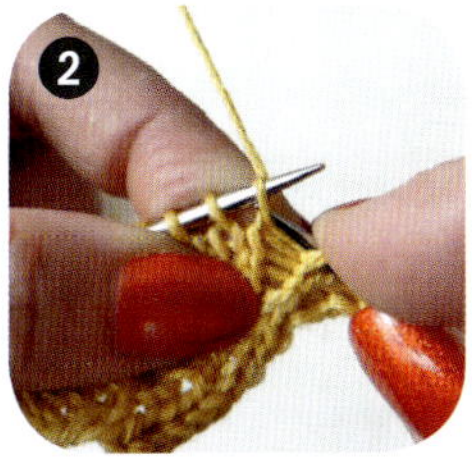

PFB

Die Masche einmal links stricken, jedoch nicht von der Nadel gleiten lassen, dann die gleiche Masche noch einmal links verschränkt abstricken.

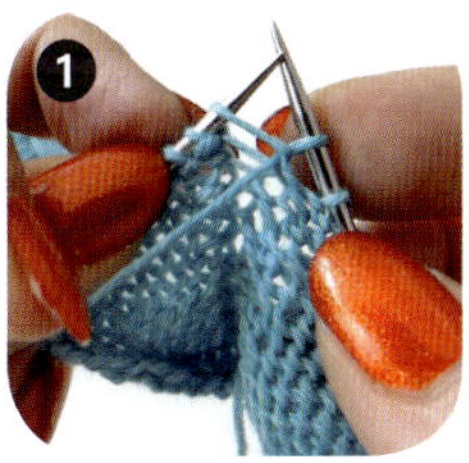

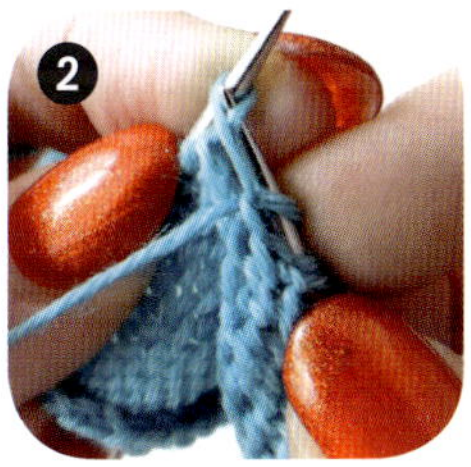

My Coffee break

Größe
Einheitsgröße

Material
Lütt Marie Dottie (LL 320 m/100 g) in Blau-Orange, 100 g
Stricknadeln 2,5 mm

Maschenprobe (nicht unbedingt nötig)
Glatt rechts mit Nd 2,5 mm sind 28 M und 42 R = 10 cm x 10 cm

Deine Muster

Muster 1 in Reihen:

1. Reihe: KFB, re M bis zum Maschenmarkierer (MM), KFB, re M bis Ende.
2. Reihe: Wie erste Reihe stricken.

Muster 2 in Runden:

1. Runde: RüZ (2 M re überzogen zusammenstricken), re M bis 1 M vor dem MM, KFB, restliche M re stricken.
2. Runde: Re M bis zum MM, KFB, re M bis 2 M vor dem Ende, ReZ (2 M re zusammenstricken).

Muster 3 in Runden:

1. Runde: LiZ (2 M li zusammenstricken), li M bis 1 M vor dem MM, PFB, restliche M li stricken.
2. Runde: Re M bis zum MM stricken, KFB, re M bis 2 M vor dem Ende stricken, ReZ.

So passt's dir

Da die Stulpen mit einem Dreieck begonnen werden, kannst du jedes Garn verwenden ohne eine Maschenprobe zu machen. Du strickst das Dreieck einfach so groß, bis die äußere Zunahmekante einmal um dein Handgelenk herum geht. Der Rest ergibt sich dann ganz von allein.

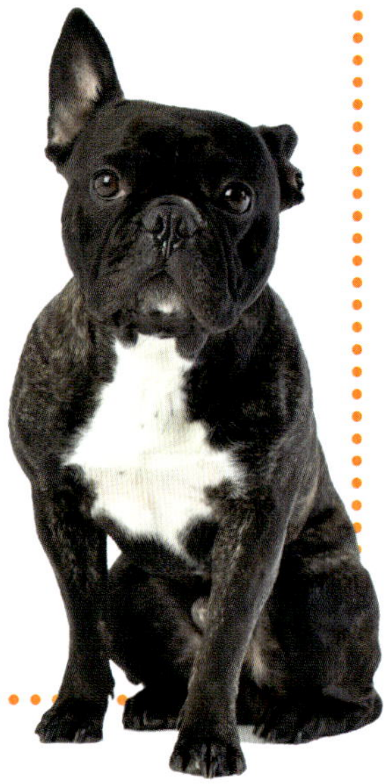

Diese einfachen Stulpen bilden ganz automatisch eine Spitze. An die Spitze kannst du eine Schlaufe arbeiten, durch die du deinen Ringfinger, Mittelfinger oder kleinen Finger ziehst. Oder du lässt die Schlaufe einfach weg und trägst sie so. Die Spitze kannst du in die Mitte der Hand ziehen oder einfach seitlich tragen.

Die Story deiner Stulpen

Die Stulpen werden mit einem Dreieck begonnen, dann zur Runde geschlossen und nun mit der Spitze immer weiter hoch gestrickt. Am Ende wird entweder mit einer Schlaufe oder ohne eine Schlaufe abgekettet und schon können sie getragen werden. Die Story deiner Stulpe besteht aus 3 Kapiteln.

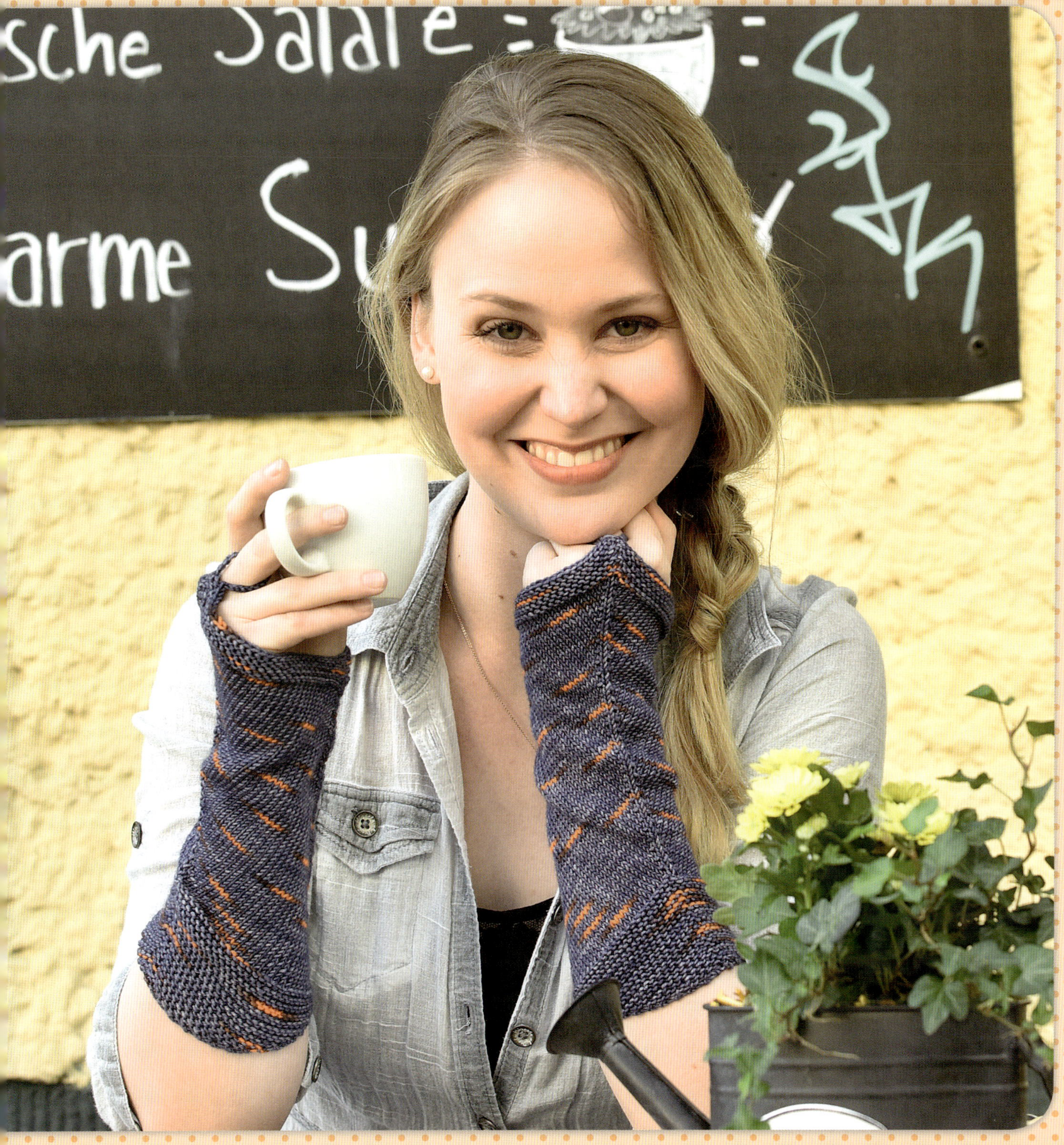
sche Salate
arme Su

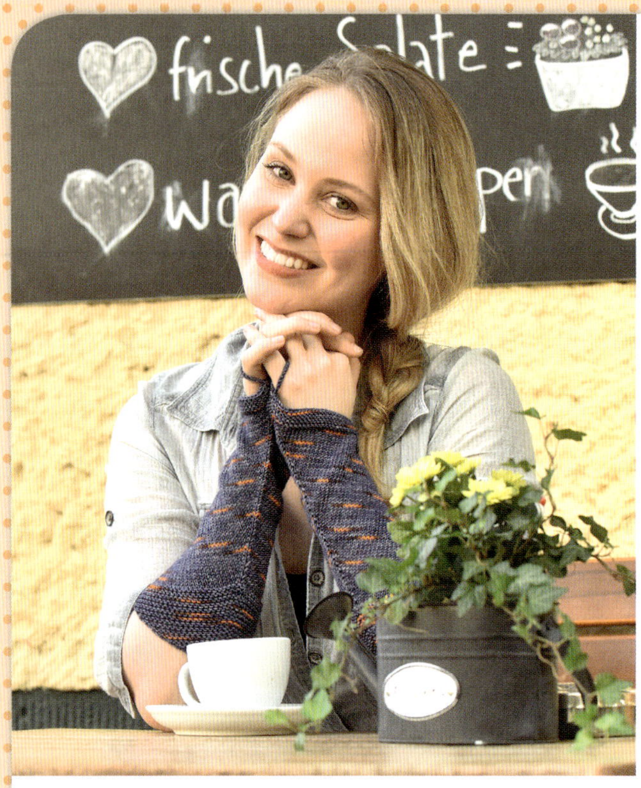

1. Kapitel: Ein Dreieck ganz keck

Schlage 4 Maschen an, stricke eine Rückreihe rechte Maschen und hänge dir dabei in der Mitte einen Maschenmarkierer ein. Wiederhole danach Muster 1 so lange, bis dein Dreieck an der äußeren Zunahmekante einmal um dein Handgelenk herum geht. Mit dem Originalgarn sind das insgesamt 64 Maschen. Dann bist du bereit für das 2. Kapitel.

2. Kapitel: Im Kreis den Gipfel erklimmen

Hier strickst du nun in Runden und wiederholst fortlaufend Muster 2, bis deine Stulpe die gewünschte Länge erreicht hat. Die abgebildete Stulpe ist 20 cm lang an der kurzen Kante, das sind 35 Wiederholungen von Muster 2. Hast du das geschafft, bist du bereit für das 3. Kapitel.

3. Kapitel: Die Fahne in den Wind, schauen wir ins Tal geschwind

Wechsle nun die Stricknadel auf eine halbe oder ganze Stärke kleiner als die, mit der du bis eben gestrickt hast. Stricke dann 4 Mal Muster 3, damit ergeben sich 4 Krausrippen, die letzte Wiederholung

Benutzte Techniken

Luftmaschen mit der Stricknadel

Steche mit der linken Nadel von links nach rechts in die soeben gestrickte Masche auf der rechten Nadel und stricke damit die Masche erneut ab. Lege dann die gerade gebildete Luftmasche wieder auf die linke Nadel und stricke sie wieder rechts ab. So bilden sich Luftmaschen mit der Stricknadel.

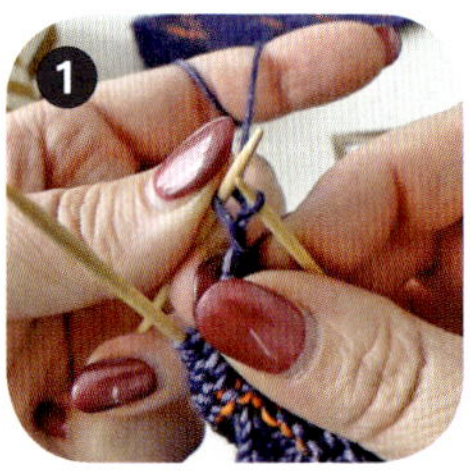
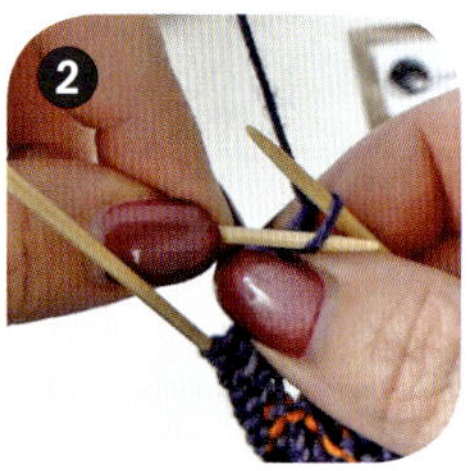

KFB

Die Masche einmal rechts abstricken, jedoch nicht von der Nadel gleiten lassen, dann die gleiche Masche noch einmal rechts verschränkt abstricken.

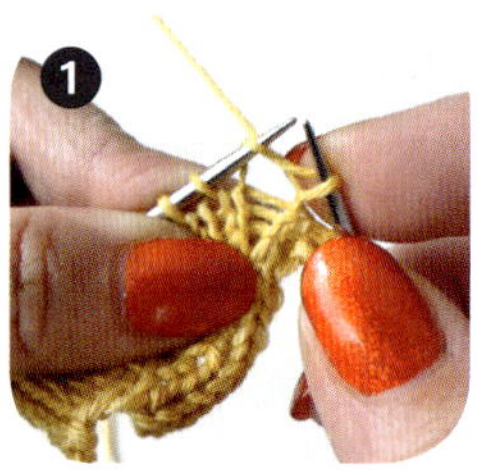
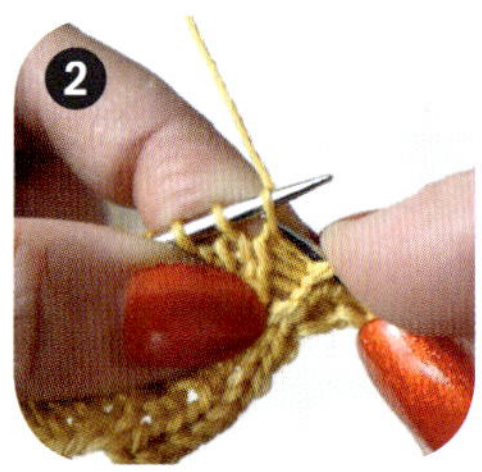

jedoch nur bis Runde 1, sodass du mit einer linken Runde endest. Am Ende kettest du alle M ab. Dabei arbeitest du wie in Runde 1 beschrieben immer noch alle Zu- und Abnahmen.
In der Mitte kannst du nun eine Schlaufe stricken, indem du mit der Stricknadel oder einer Häkelnadel eine Luftmaschenkette arbeitest, die so lang ist, dass sie einmal um den Mittelfinger reicht. Hier haben wir 28 Luftmaschen gearbeitet. Damit die Luftmaschenkette nicht aufklafft, die erste Masche nach der Kette noch einmal in die zuletzt abgekettete Masche arbeiten und nun weiter abketten. Wer möchte kann nun noch eine Runde feste Maschen häkeln. Zum Schluss alle Fäden vernähen und die 2. Stulpe genau so stricken.

Mach es zu deiner Story

Du kannst die Stulpe auch mit 2 Farben und in Streifen stricken, so betonst du die spitze Form oder du strickst sie einfarbig und strickst zwischendurch 1 oder 2 Runden links, auch so betonst du die Form. Nutzt du das Originalgarn oder ein ähnliches Garn, so kannst du die Farbkleckse statt rechts auch links stricken und hast damit noch einen kleinen Struktureffekt.

PFB

Die Masche einmal links stricken, jedoch nicht von der Nadel gleiten lassen, dann die gleiche Masche noch einmal links verschränkt abstricken.

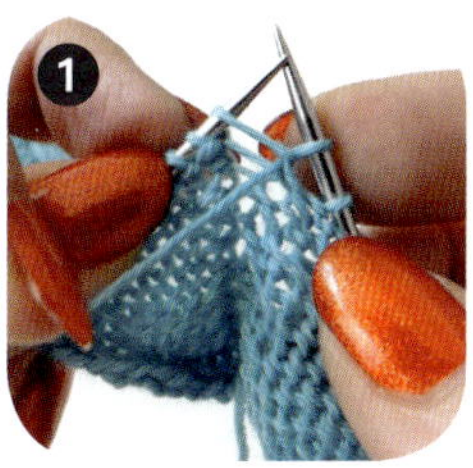

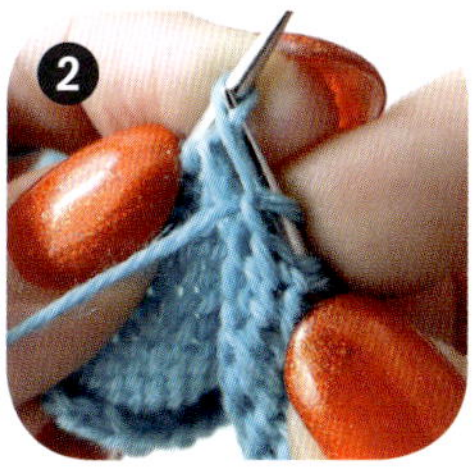

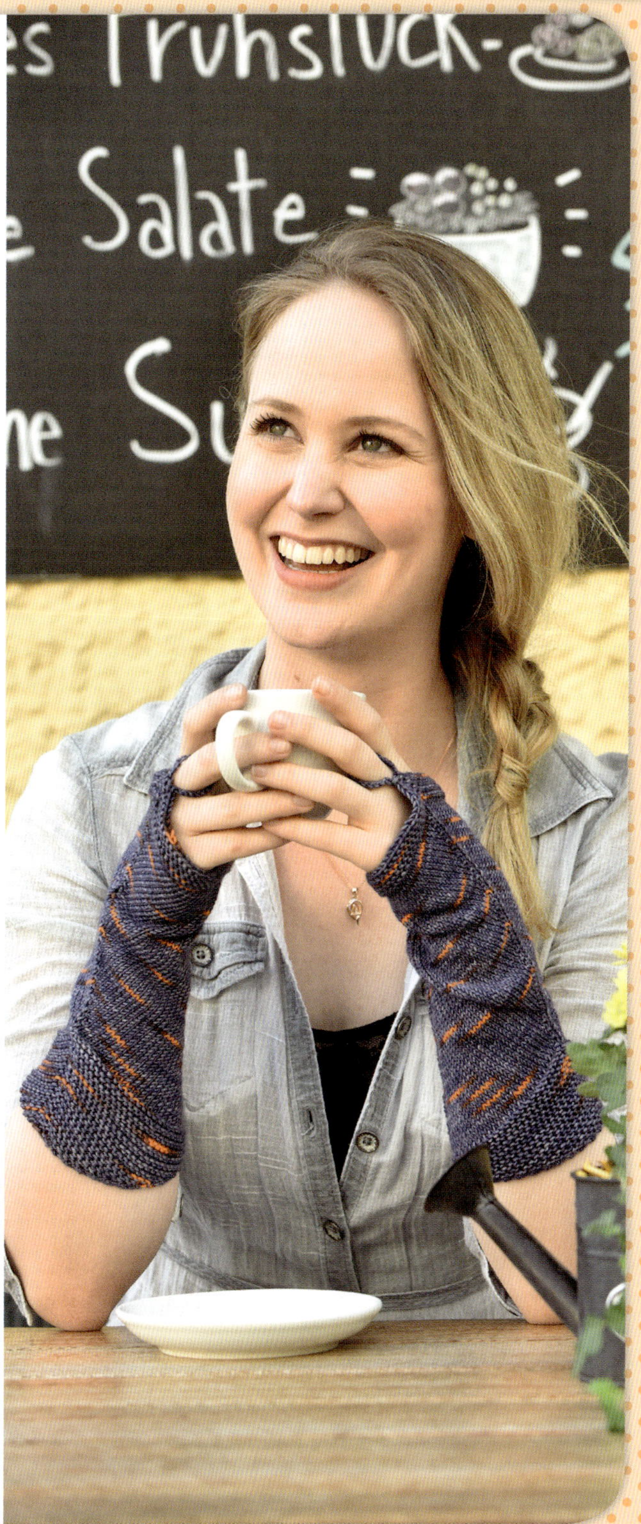

Easy Summer

Größe

34	36	38	40	42	44	46	48	50	52	54	56
162	169	176	185	194	203	212	225	237	250	262	275
Richtwert Maschen in der Runde											

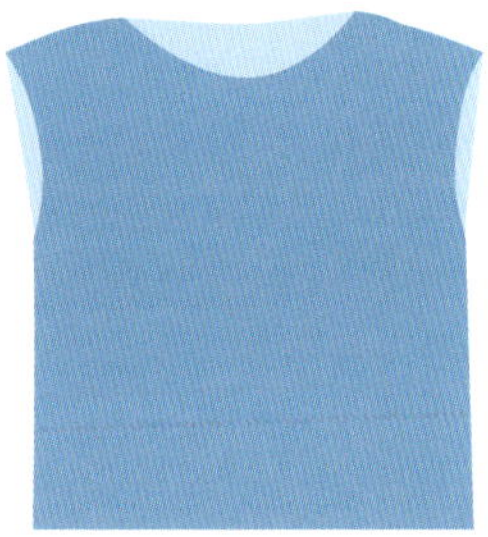

Material

Crasy Glamour Girl (LL 115 m/50 g) in Ocean (Fb 255), 250 g, in Sunshine (Fb 251), 100 g und in Snow (Fb 250), 50 g
Stricknadeln 3,5 mm

Maschenprobe

Glatt rechts mit Nd 3,5 mm sind 18 M und 26 R = 10 cm x 10 cm

Deine Muster

Muster 1 in Runden:
1. Runde: Alle M re stricken.
2. Runde: Alle M li stricken.

Muster 2 in Reihen:
1. Reihe: 4 M li, restliche M re.
2. Reihe: 4 M re, KFB, restliche M li.
3. Reihe: 4 M li, PFB, restliche M re.
4. Reihe: 4 M re, restliche M li.

Das einfache Sommershirt ist superleicht zu stricken, denn es geht bis auf die Ärmel einfach nur in Runden herum. Das besondere Extra zaubern hier die bunten Farbstreifen, die man ganz individuell arbeiten kann und somit dem Shirt seinen ganz eigenen Touch gibt.

Die Story deines Shirts

Das Shirt wird von unten nach oben in Runden gestrickt, an den Ärmeln geteilt und dann oben durch Abhäkeln und zusammenfügen verbunden. Hier sind keine Nähte notwendig. Die Story deines Shirts besteht aus 4 Kapiteln.

1. Kapitel: Luftig und kraus, das macht es aus

Nimm eine Häkelnadel passend zur Stärke deines Garns und häkle in Farbe A (ocean) eine Luftmaschenkette, welche so lang ist, dass sie locker um deine Hüften oder deine Brust geht, je nachdem, an welcher Stelle du mehr Umfang hast. Für ein lockeres Shirt häkle mindestens 5 - 10 cm mehr Luftmaschen als der Brustumfang. Je breiter sie ist, desto legerer dein Shirt. Achte dabei darauf, dass deine Luftmaschen nicht zu locker werden, denn sonst wird später dein Shirt zu eng.
Wenn du dazu neigst eher locker zu häkeln, nimm eine Häkelnadel mit einer halben Stärke kleiner als deine Stricknadel.
Nun nimmst du aus jeder Luftmasche 1 Masche auf deine Stricknadel auf und strickst zunächst eine Reihe rechte Maschen und schließt am Ende zur Runde, indem du die letzte Masche mit der ersten Masche zusammenstrickst. Achte dabei darauf, dass deine Maschen nicht verdreht sind, sondern schön gerade liegen. Hänge dir am Rundenbeginn einen Maschenmarkierer ein.
Stricke nun 3 Mal Muster 1, du erhältst am Ende 3 Krausrippen. Ist das geschafft, bist du bereit für das 2. Kapitel.

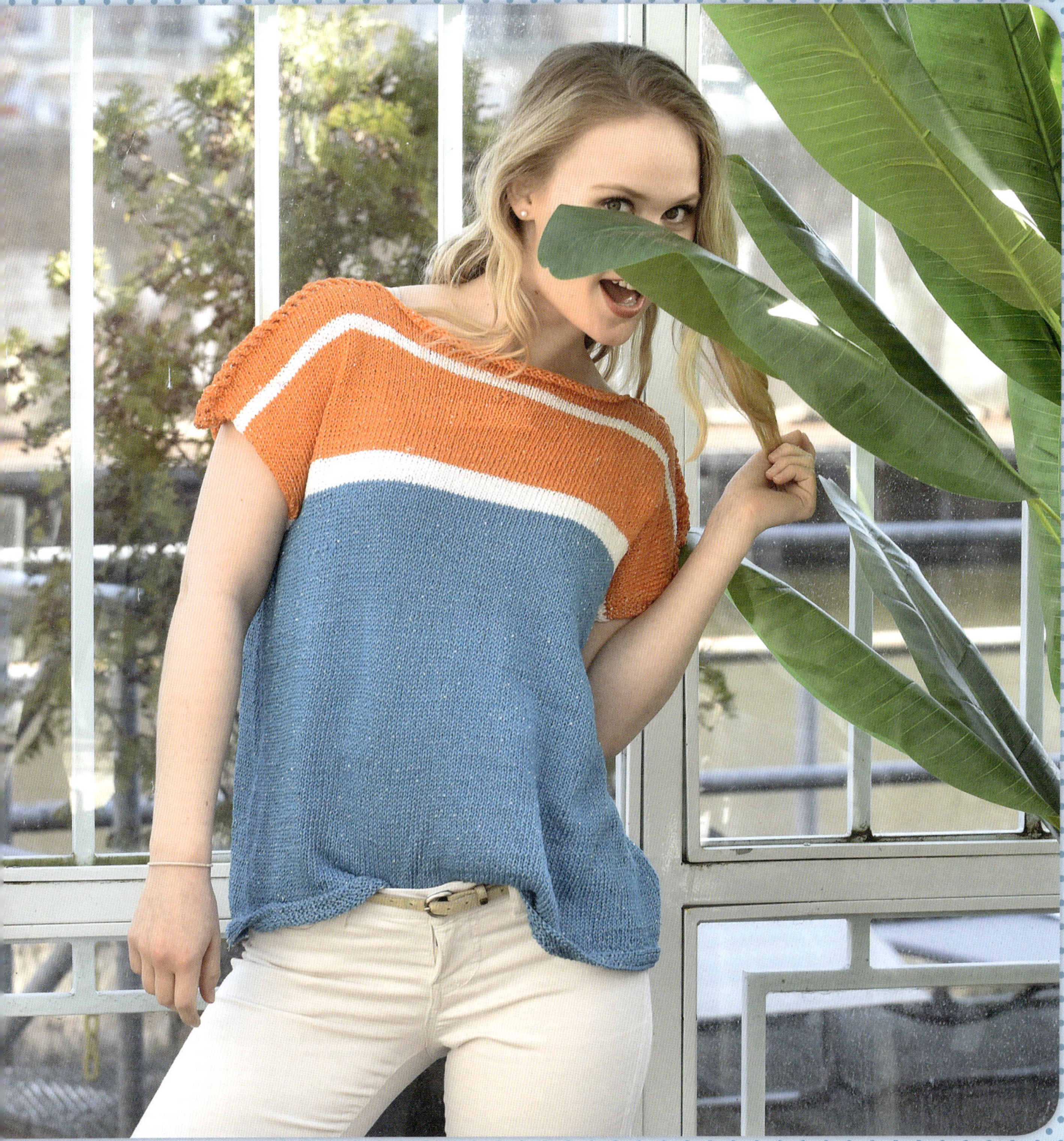

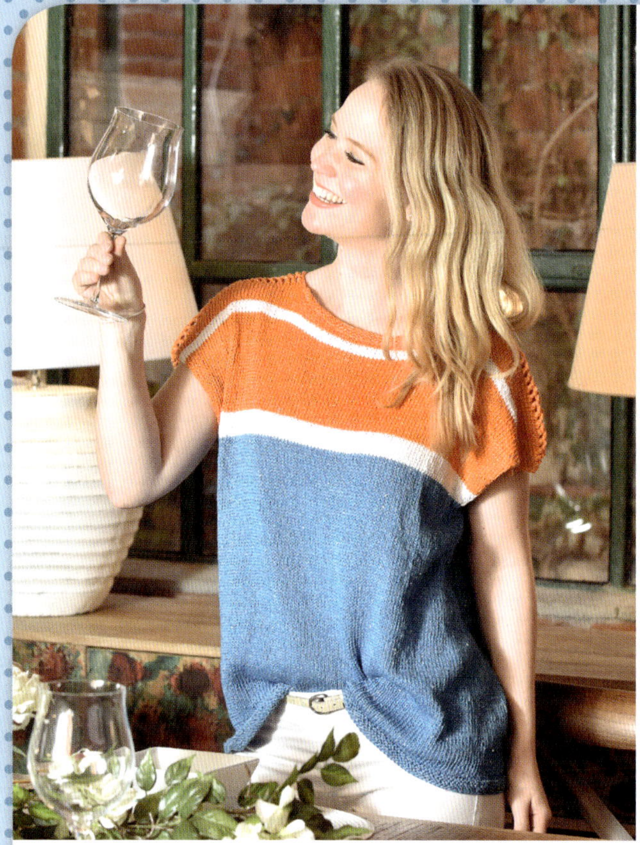

2. Kapitel: Entspannt in Runden, macht schöne Stunden

Jetzt kommt der entspannte Teil, hier werden fröhlich in Runden einfach nur rechte Maschen gestrickt. Perfekt zum TV gucken oder im Park stricken. Dein Shirt sollte eine Länge von 40 cm haben für einen guten Sitz, natürlich kannst du auch mehr oder weniger Länge stricken. Du kannst hierfür dein Shirt jederzeit anprobieren, wir teilen die Arbeit etwa 2 cm unter den Achseln. Wenn es dir also lang genug ist, beginnst du mit dem 3. Kapitel. Zähle am besten in der letzten Runde einmal alle Maschen.

3. Kapitel: Erster Arm rein, so wird es fein

Teile nun deine Arbeit in 2 gleiche Hälften, indem du ab dem Rundenbeginn die erste Hälfte deiner Arbeit auf der Stricknadel lässt und die 2. Hälfte deiner Maschen auf einer zweiten Stricknadel oder einem Seil oder Hilfsfaden stilllegst.
Stricke nun nach Muster 2 zunächst dein Vorderteil und dann dein Rückenteil.
Sowohl für Vorderteil als auch für Rückenteil wiederholst du nun unter Beachtung der folgenden Farbfolge Muster 2 so lange, bis die Höhe deiner Ärmelöffnung so hoch ist, wie in der Tabelle auf Seite 85 bei Armausschnitthöhe angegeben.
Für dein Vorderteil arbeitest du nun zunächst 8 Reihen in Farbe B (snow), dann 30 Reihen in Farbe C (sunshine), wieder 4 R in Farbe B (snow) und die restlichen Reihen in Farbe C (sunshine).
Zum Abschluss markierst du dir nun zunächst deine Ausschnittbreite. Dafür markierst du dir die mittleren 25 cm deines Shirts. Das ist später deine Halsöffnung. Möchtest du einen breiteren Ausschnitt, so kannst du dir natürlich auch mehr Maschen hier markieren. Achte darauf, dass du links und rechts der Halsöffnung gleich viele Maschen hast. Nun häkelst du die Maschen wie folgt ab: 2 Maschen zusammenhäkeln, 3 Luftmaschen, wiederhole das bis zur markierten Halsöffnung.
Über den Maschen der Halsöffnung häkelst du nun in jede Masche eine feste Masche hinein. Nach der Halsöffnung häkelst du wieder 3 Luftmaschen, 2 Maschen zusammenhäkeln bis zum Ende. Hast du das Vorderteil geschafft, bist du bereit für das Rückenteil.

4. Kapitel: Zweiter Arm muss auch noch her, ist gar nicht schwer

Für das Rückenteil nimmst du nun die zuvor stillgelegten Maschen wieder auf eine Stricknadel und wiederholst Muster 2 so lange, bis es genau so lang ist, wie dein Vorderteil. Hierbei arbeitest du nur in Farbe C (sunshine).
Am Ende häkelst du auch wieder ab, fügst dabei aber gleich das Vorderteil mit dem Rückenteil zusammen. Häkle dafür wie folgt: 2 M zusammenhäkeln, 1 Luftmasche, eine feste Masche in den Luftmaschenbogen der gegenüberliegenden Seite, 1 Luftmasche, das

wiederholst du bis zur Halsöffnung, dort häkelst du genau wie beim Vorderteil 1 feste Masche in jede Masche, für die 2. Schulter beginnst du mit 1 Luftmasche, 1 feste Masche in den Luftmaschenbogen der gegenüberliegenden Seite, 1 Luftmasche, 2 Maschen zusammenhäkeln. Am Ende sind hier nun Vorder- und Rückenteil zusammengefügt und dein Shirt ist fertig. Nach dem Fädenvernähen kann es direkt angezogen werden. Am Hals bildet sich ein kleiner Rollrand durch das glatt rechte Stricken und Abhäkeln, welcher dem Shirt den gewissen Pfiff verleiht.

So passt's dir

Du kannst das Shirt breiter oder schmaler stricken und aus jedem Garn, denn es beginnt ganz einfach mit einer Luftmaschenkette. Die Luftmaschenkette bestimmt am Ende auch den Sitz deines Shirts. Wenn du sie enger arbeitest, kannst du dein Shirt figurbetont stricken, oder je mehr Maschen du nimmst, desto mehr oversized wird dein Shirt. Wenn du dir unsicher bist mit der Länge der Luftmaschenkette, so kannst du auch einfach ein kraus rechtes Band mit 4 - 5 Maschen Breite stricken, welches in der gewünschten Weite um deinen Körper geht, und aus der Seitenkante dieses Bandes am Ende die Maschen aufnehmen wie bei **Pretty in Pink** (Schnürpulli Seite 64) beschrieben.

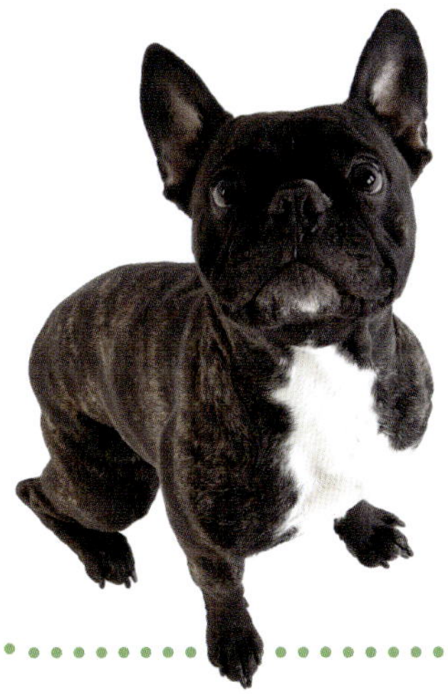

Benutzte Techniken

KFB

Die Masche einmal rechts abstricken, jedoch nicht von der Nadel gleiten lassen, dann die gleiche Masche noch einmal rechts verschränkt abstricken.

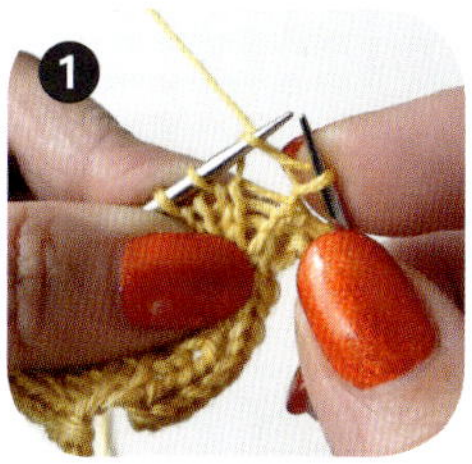

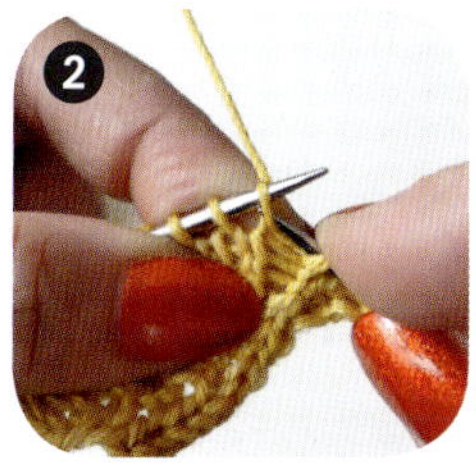

Maschen aus einer Luftmaschenkette aufnehmen

Um Maschen aus einer Luftmaschenkette aufzunehmen, legst du die Luftmaschenkette so vor dich hin, dass das Köpfchen nach unten schaut und die Seite, welche aussieht wie Kettenglieder nach oben liegt. Nun von vorn nach hinten in den mittigen Hügel einstechen und den Arbeitsfaden durchziehen und die Masche auf der Nadel belassen. In den nächsten Hügel von vorn nach hinten einstechen und ebenfalls den Arbeitsfaden auf die Nadel holen. So alle Maschen aufnehmen, indem aus jedem Hügel eine Masche aufgenommen wird.

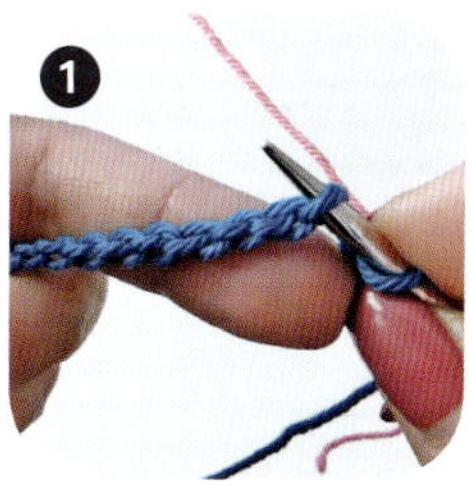

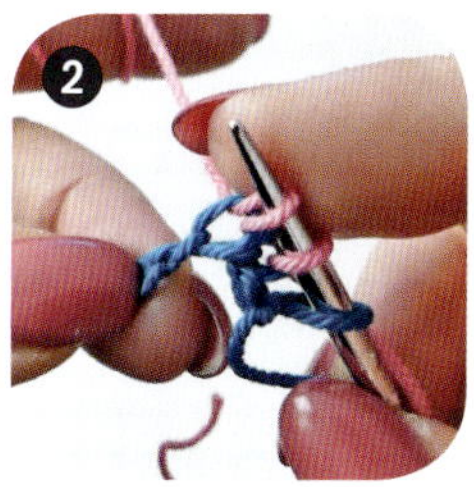

Mach es zu deiner Story

Du kannst natürlich hier mit Farben spielen und beispielsweise das Rückenteil einfarbig stricken und nur im Vorderteil Farbstreifen oder du arbeitest statt der Farbstreifen im Vorderteil Lochreihen wie im Shirt **Waiting for Summer** (Seite 36) beschrieben. Natürlich kannst du oben auch ein schickes Lochmuster einbauen. Du kannst den Ausschnitt zum Beispiel statt mittig zu setzen auch auf einer Seite breiter machen, so erhältst du ein Shirt, welches auf einer Seite eine freie Schulter hat.

Abhäkeln und zusammenfügen

Arbeite 1 feste Masche in die 1. Masche. Mache dann 1 Luftmasche und häkle 1 feste Masche in den Luftmaschenbogen des gegenüber liegenden Strickstücks, mache 1 weitere Luftmasche und häkle die nächsten 2 Maschen auf der Stricknadel mittels einer festen Masche zusammen. Nun folgen wieder 1 Luftmasche, 1 feste Masche in den gegenüberliegenden Bogen, 1 Luftmasche und 2 Maschen zusammenhäkeln mittels 1 festen Masche.

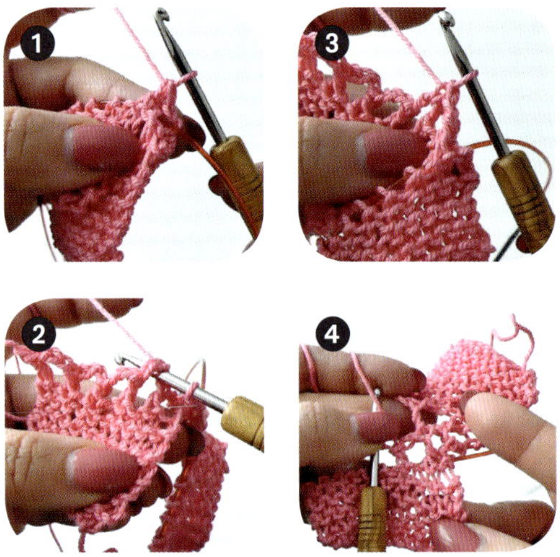

Maschen aus kraus rechtem Rand aufnehmen

Lege das Strickstück mit der rechten Seite nach oben vor dich hin, so dass die Seitenkante oben liegt. Nun von rechts nach links in die senkrecht stehende Masche mit der Nadel einstechen, den Faden holen und durch die Masche ziehen – eine Masche wurde aus dem Rand aufgenommen.

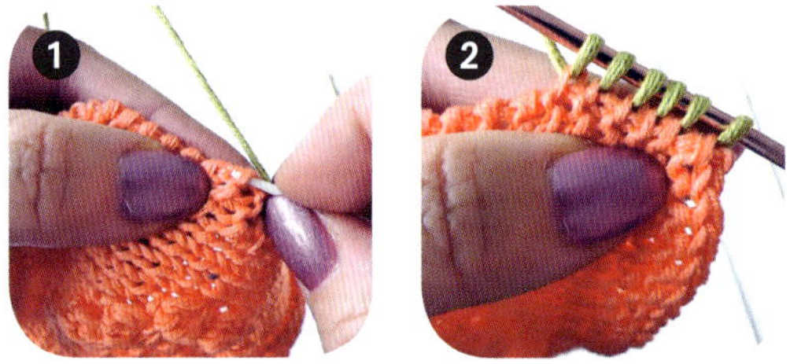

Abhäkeln

Arbeite 1 feste Masche in die erste Masche. Mache dann 3 Luftmaschen und häkle die nächsten 2 Maschen auf der Stricknadel mittels 1 festen Masche zusammen. Nun folgen wieder 3 Luftmaschen und 2 Maschen zusammenhäkeln mittels 1 festen Masche.

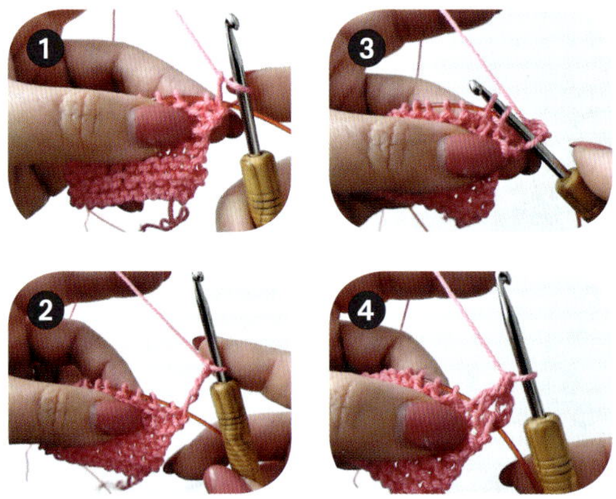

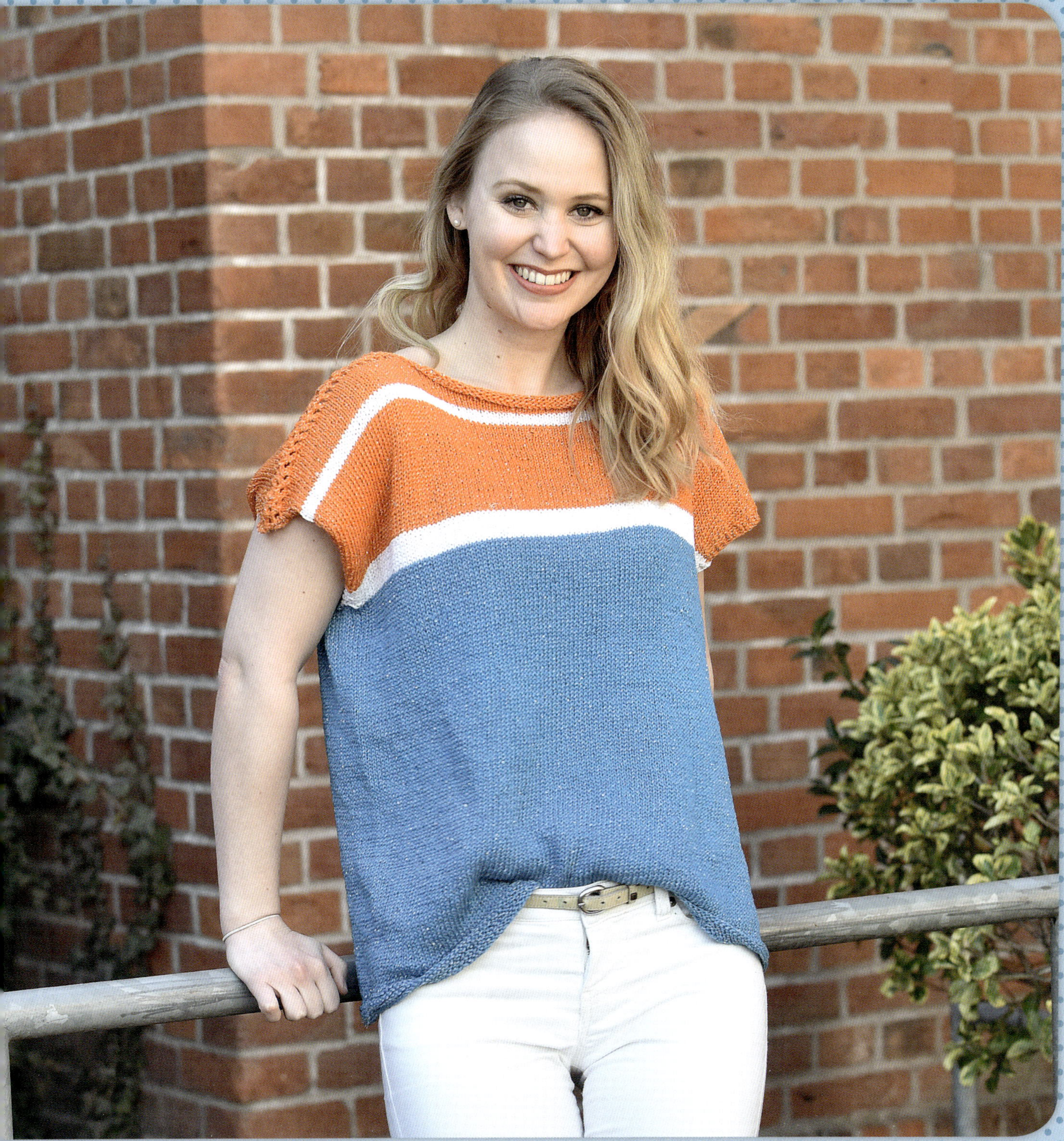

Ein paar Worte zum Schluss

Du findest hier Modelle, die vornehmlich glatt rechts oder kraus rechts gestrickt sind. Damit bieten sie dir ganz viel Raum für Individualität. Du kannst sie genau so stricken, wie hier beschrieben, oder du experimentierst mit Farben oder Texturen und Effektgarnen.

Je nachdem, welches Garn du verwendest oder welche Garne du kombinierst, erhältst du ein völlig neues Design. Für alle, die mehr brauchen als nur glatt rechte Maschen, gilt der Grundsatz – fühlt euch frei und habt Spaß dabei. Öffnet euer Musterbuch, welches ihr daheim habt und baut euch Musterstreifen ein, egal ob Quersteifen oder Längsstreifen, ob mit Löchern, Zöpfen oder Strukturmustern, hier könnt ihr euch austoben und euer ganz individuelles Designerteil zusammenbauen.

Auch Motive oder Worte im Maschenstich oder Kreuzstich aufgestickt machen dein Strickstück zu einem ganz individuellen Statement – It-Piece. Für deine Stickerei habe ich dir am Ende ein Alphabet und ein paar kleine Motive angehängt.

Ich bin nun ganz gespannt auf eure Kreationen und freue mich natürlich, diese zu sehen. Zeigt sie mir auf Instagram unter dem #CraSyEaSyness und markiert am besten @crasy_sylvie im Bild, so finde ich euch schneller.
Natürlich könnt ihr auch Projekte bei Ravelry anlegen, auch diese sehe ich.

Nun gut Strick und viel Spaß.
Eure Sylvie

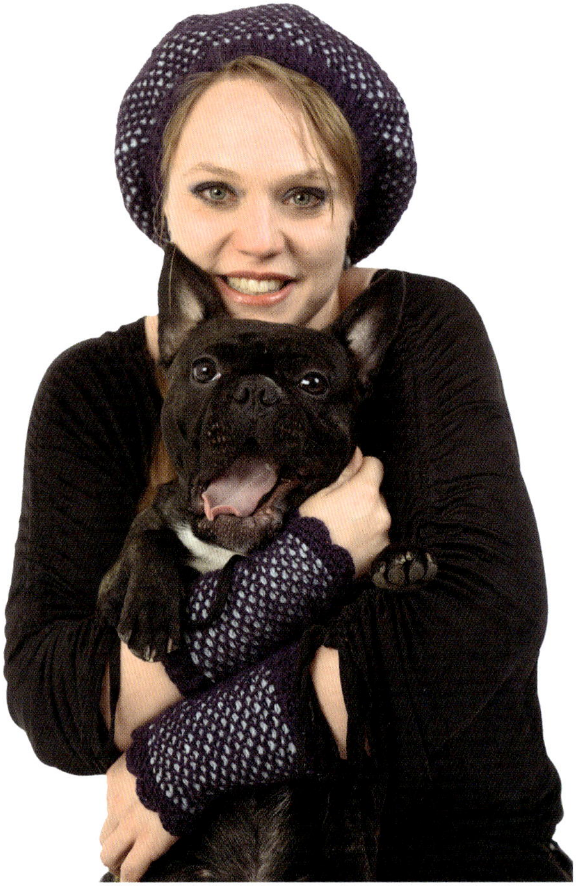

Maßtabelle:

Körpermaß cm/Größe	34	36	38	40	42	44	46	48	50	52	54	56
Brustumfang	80	84	88	93	98	103	108	115	122	129	136	143
Rückenbreite	40	42	44	47	49	52	54	58	61	65	68	72
Taillenumfang	64	68	72	77	82	87	92	99	106	113	120	127
Hüftumfang	89	93	97	102	107	112	117	124	131	138	146	153
Länge Schulter bis Hüfte	60	60	60	62	62	62	64	64	64	66	66	66
Armumfang	32	34	34	36	38	40	42	42	44	46	48	48
Armausschnitthöhe	18	19	19	20	21	22	23	23	24	25	26	26

Notizen:

Alphabet & Motive

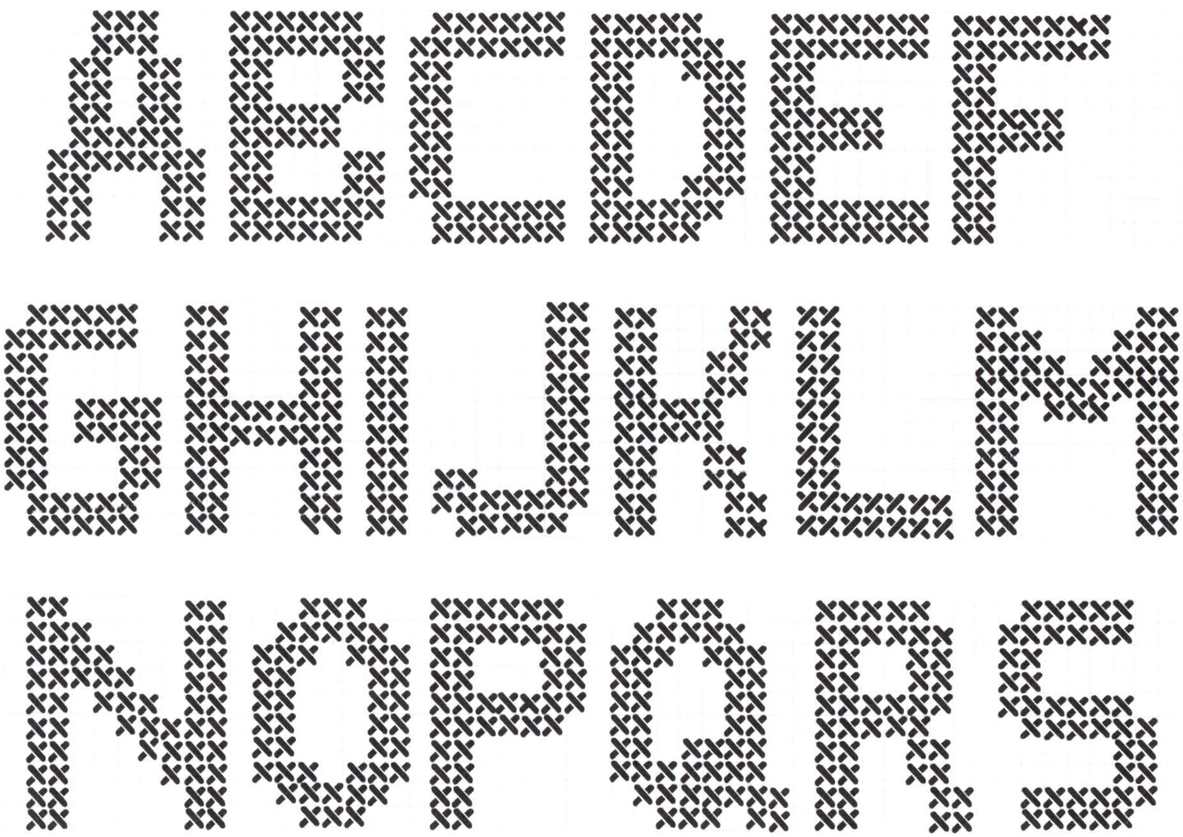

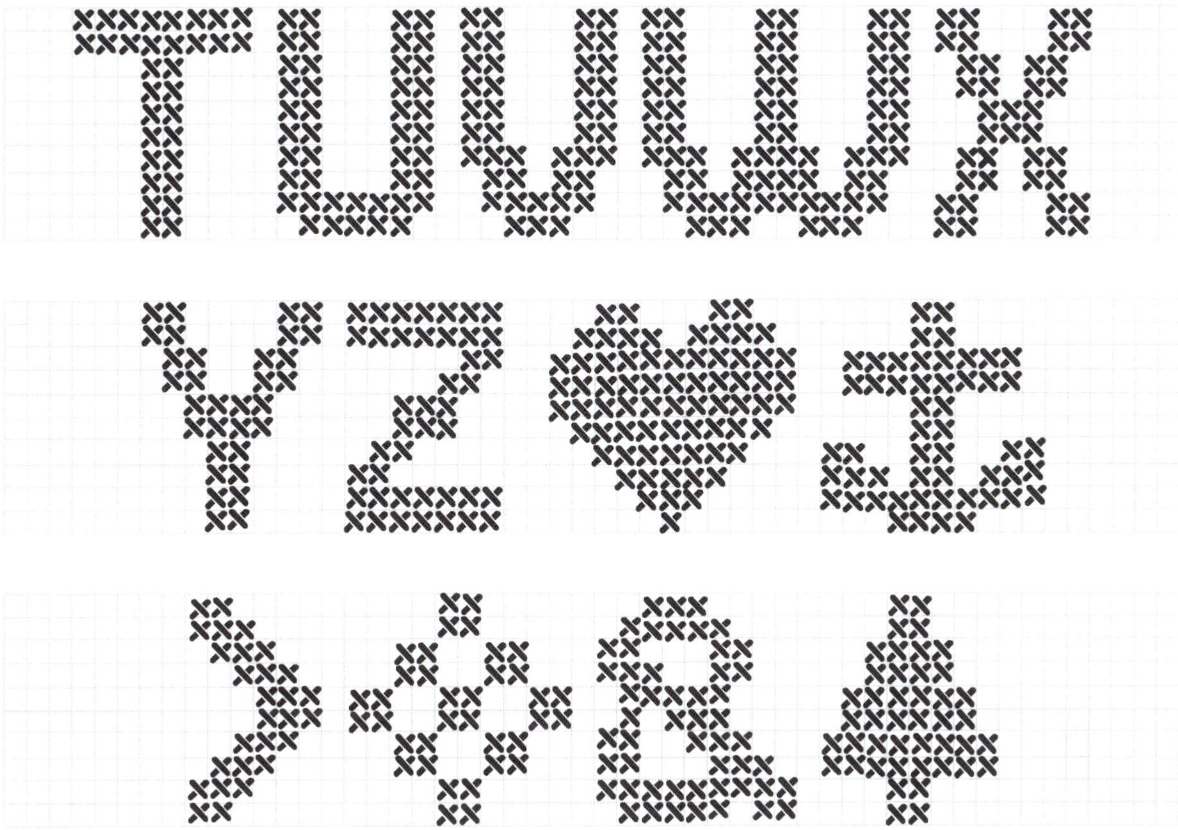

Buchempfehlungen für Dich

Noch mehr kreative Bücher zum gleichen Thema gesucht?

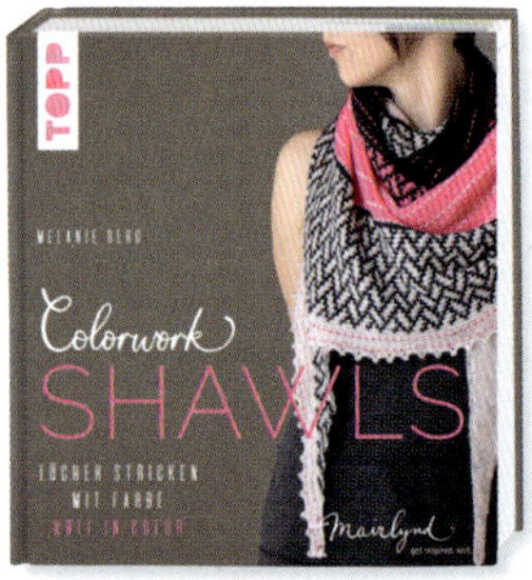

ISBN 978-3-7724-8170-3

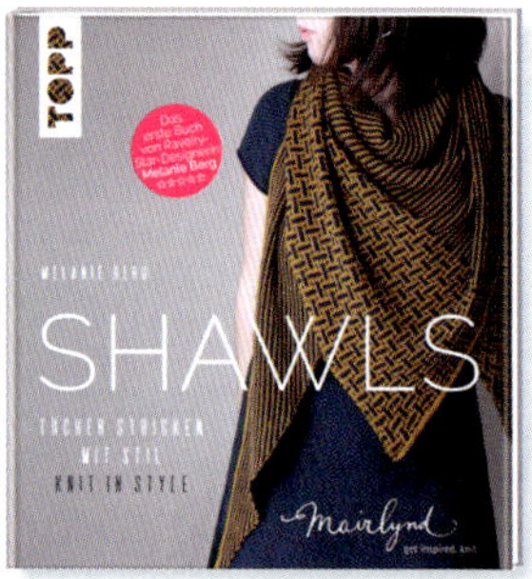

ISBN 978-3-7724-8140-6

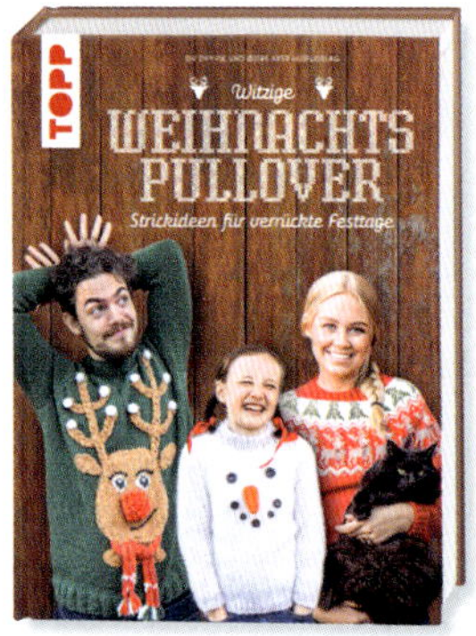

ISBN 978-3-7724-4809-6

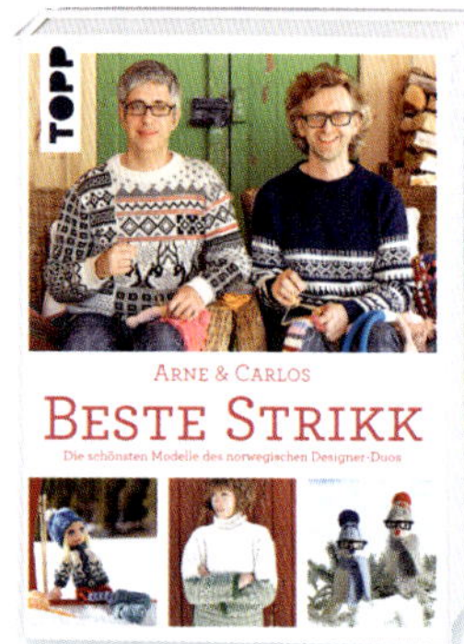

ISBN 978-3-7724-4807-2

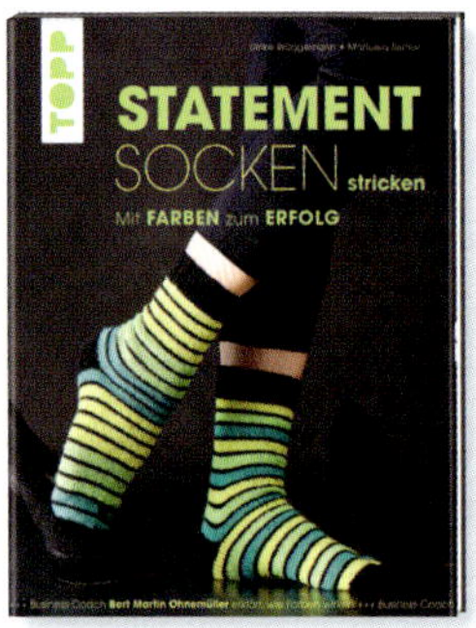

ISBN 978-3-7724-8139-0

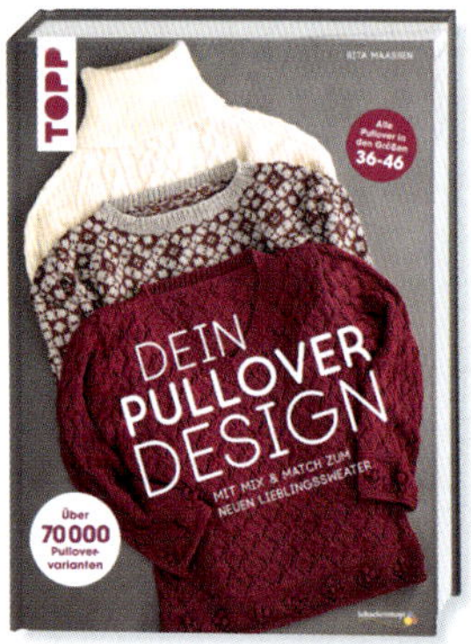

ISBN 978-3-7724-8113-0

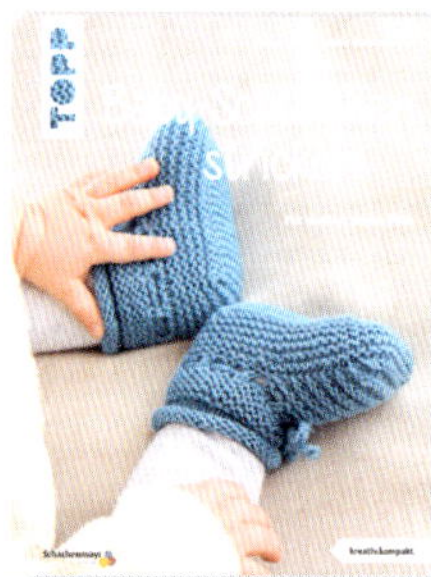

ISBN 978-3-7724-6838-4

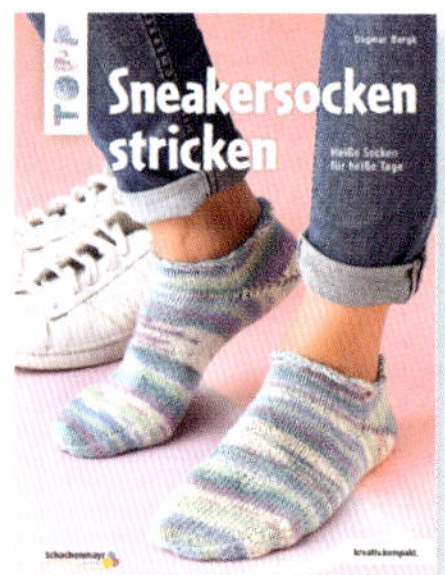

ISBN 978-3-7724-6832-2

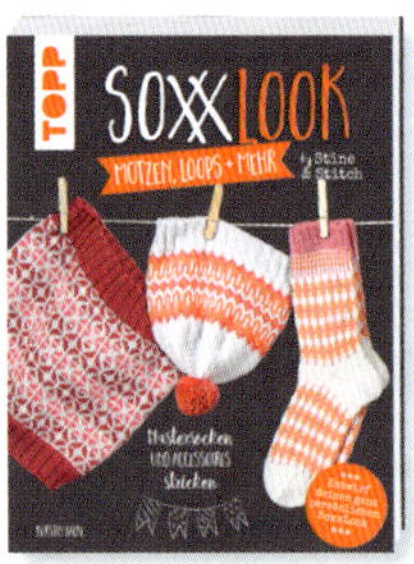

ISBN 978-3-7724-8175-8

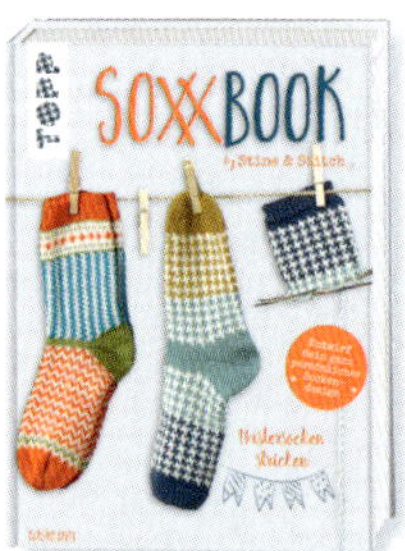

ISBN 978-3-7724-6495-9

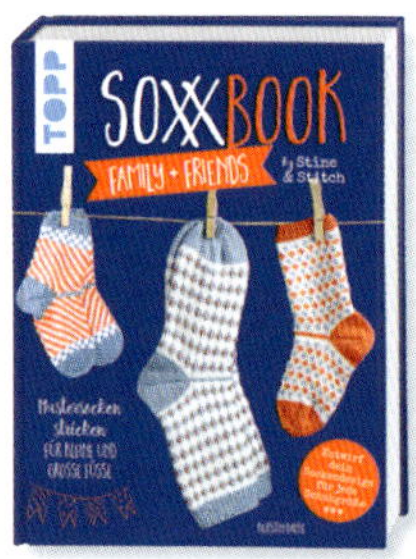

ISBN 978-3-7724-8136-9

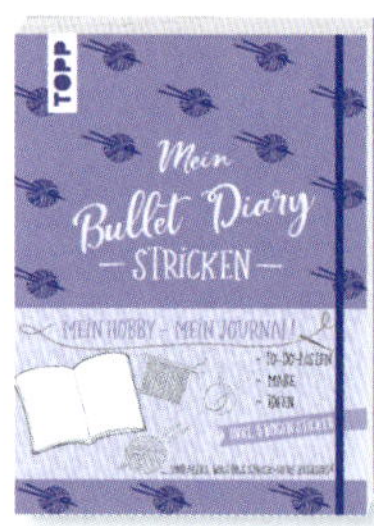

ISBN 978-3-7724-8149-9

Weitere Titel von CraSy Sylvie

Für Sylvie ist kreativ sein wie atmen – sie kann einfach nicht anders!

Egal, ob im Stricken, Nähen, Häkeln oder Kochen, neue Techniken und kreative Ideen sprudeln einfach so aus ihr heraus. So lebt sie natürlich auch in der kreativen Hauptstadt Berlin, zusammen mit ihrer Tochter und der charakterstarken französischen Bulldoge Werner, ihrem treuen Begleiter und unverzichtbaren Assistenten bei Shootings & Co. Ihre Fans lieben an ihr, dass sie alles ein bisschen anders macht – frisch, witzig, spritzig und unkonventionell – und so auch schwierige Techniken mit Leichtigkeit vermittelt. Vor allem durch ihre beliebten Youtube-Videos unter https://www.youtube.com/user/SylvieRasch lässt die ungekrönte Strick-Queen über 40.000 Follower an ihrer „CraSy"-Welt teilhaben. Durch die Entwicklung des addiCraSyTrio hat sie ganz nebenbei auch noch die Sockenstricker-Welt umgekrempelt. Vive la révolution!

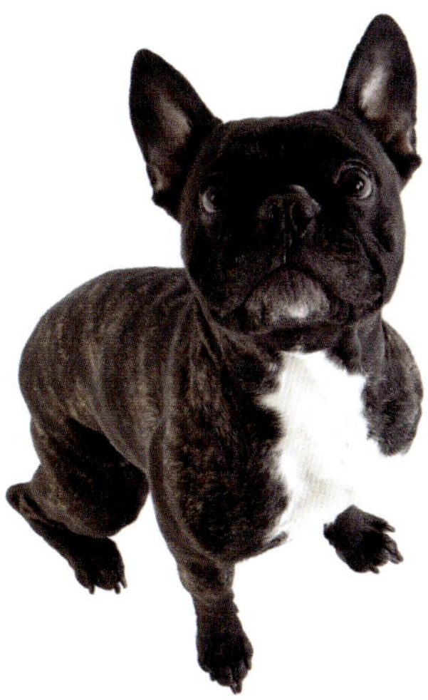

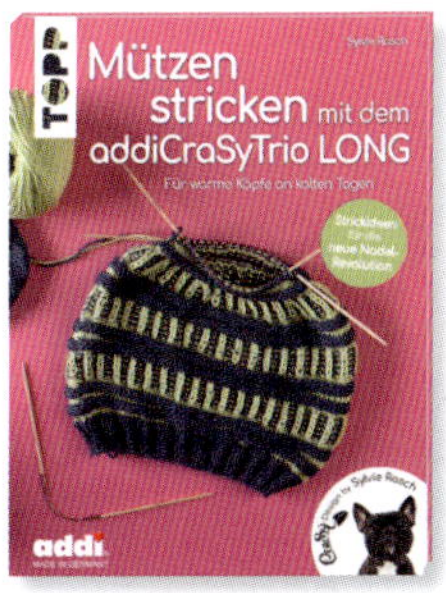

ISBN 978-3-7724-6836-0

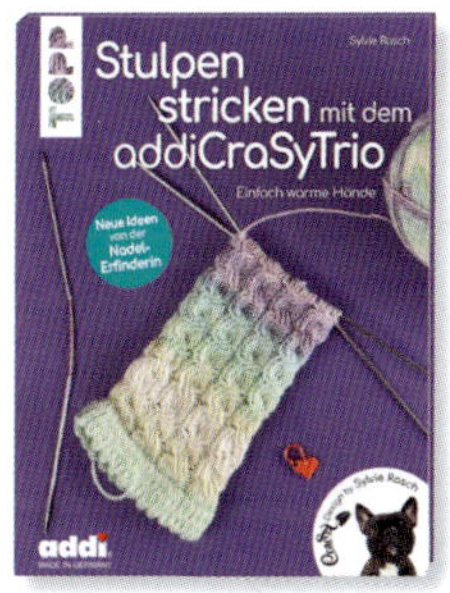

ISBN 978-3-7724-6837-7

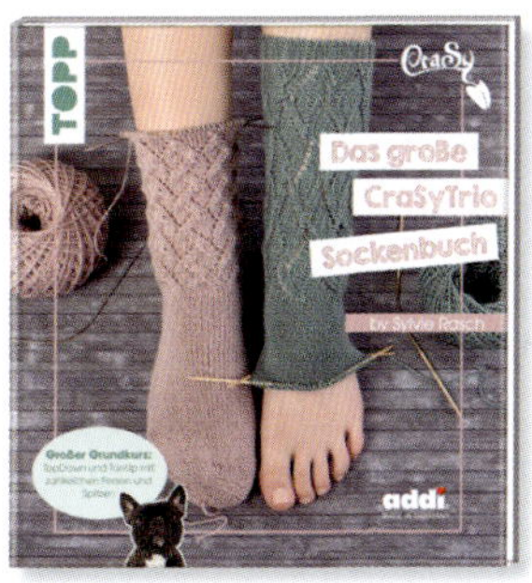

ISBN 978-3-7724-8160-4

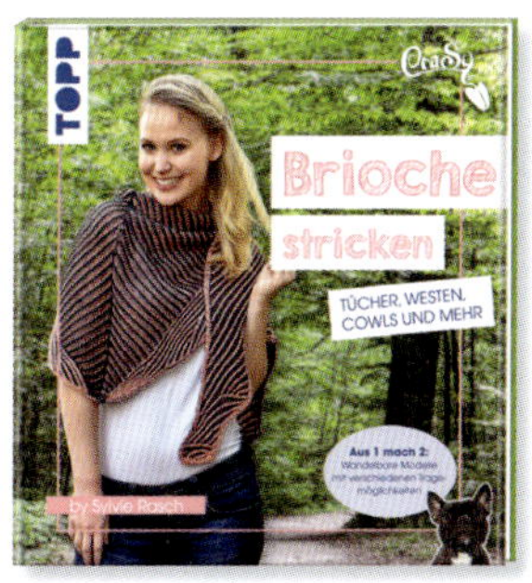

ISBN 978-3-7724-8161-1

Noch mehr Kreativ-Bücher findest Du auf www.TOPP-kreativ.de

Immer informiert, immera inspiriert - die ganze Welt von TOPP auch im Netz

Webseite

Die neuesten Trends, die schönsten Kreativbücher und die aktuellsten Informationen auf unserer Webseite

Schau mal vorbei und stöbere Sie in unserem riesigen Angebot von mehr als 1000 Kreativbüchern, Sets und mehr:

www.TOPP-kreativ.de

Newsletter

Bunt, überraschend und immer aktuell – immer auf dem Laufenden mit unserem Newsletter

Noch heute anmelden und regelmäßig Informationen, Tipps und Neuheiten erhalten:

www.TOPP-kreativ.de/Newsletter

Facebook

Werde Teil unserer Communitys Mitstrickzentrale fürs Handarbeiten und Bastelzentrale für die Themen Basteln, Bauen, Dekorieren & DIY. Du findest uns unter:

www.facebook.com/Mitstrickzentrale
www.facebook.com/Bastelzentrale

Digitale Bibliothek

Tutorial-Videos, Plotter-Dateien, Vorlagen zum Ausdrucken, Übungsblätter etc.

Zu vielen TOPP-Büchern gibt es digitale Extras. Schau im Impressum nach (die letzte Seite des Buches): Wenn dort ein Freischaltcode abgedruckt ist, dann besuche die Digitale Bibliothek auf unserer Webseite, registriere Dich einmalig und schalte Deine Zusatzmaterialien frei:

www.TOPP-kreativ.de/DigiBib

Instagram

Live dabei mit ständig aktuellen News aus dem frechverlag

Willst Du wissen, was bei uns gerade passiert und woran wir arbeiten? Dann folge uns auf Instagram. Möchtest Du uns an Deinen Kreativprojekten teilhaben lassen? Dann poste doch gleich ein Foto mit dem Hashtag **#frechverlag** und wir stellen Dein Werk gerne der Community vor:

www.Instagram.com/frechverlag

Pinterest

Neue Bücher, neue Ideen und die Menschen, die sie machen

Du bist auf der Jagd nach den neuesten Ideen und aktuellen Trends im DIY-Bereich? All das gibt es auf den Pinnwänden des frechverlags unter:

www.Pinterest.com/frechverlag

Youtube

Ein Video sagt oft mehr als tausend Worte

Du möchtest neue Techniken ausprobieren, Autoren kennenlernen oder einmal hinter die Kulissen unserer Buchproduktionen schauen? Dann abonniere den Kanal des frechverlags unter:

www.YouTube.com/frechverlag

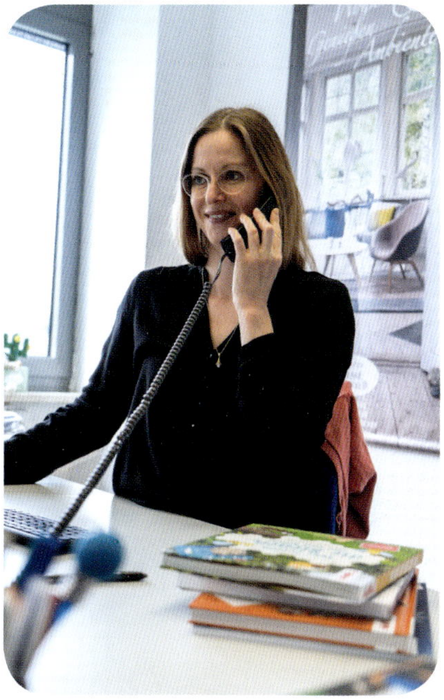

Wer wir sind, wie wir arbeiten, was wir lieben ...

Folge uns auf Instagram, Facebook und Pinterest, um mehr über uns und unsere Arbeit zu erfahren und immer mit den neuesten Informationen versorgt zu sein.

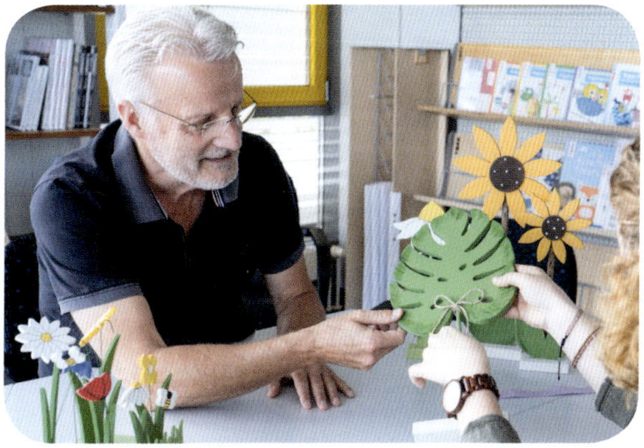

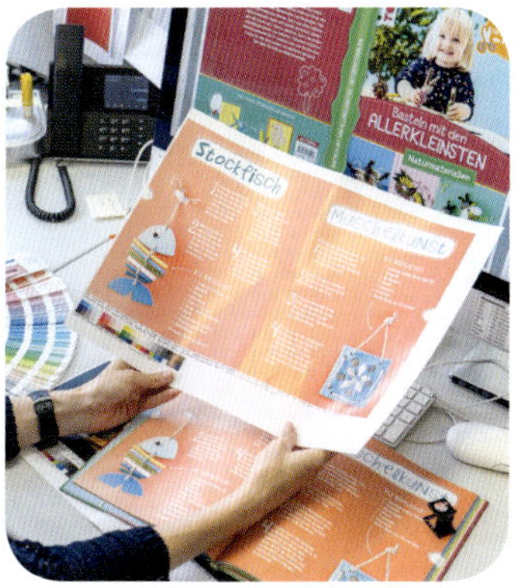

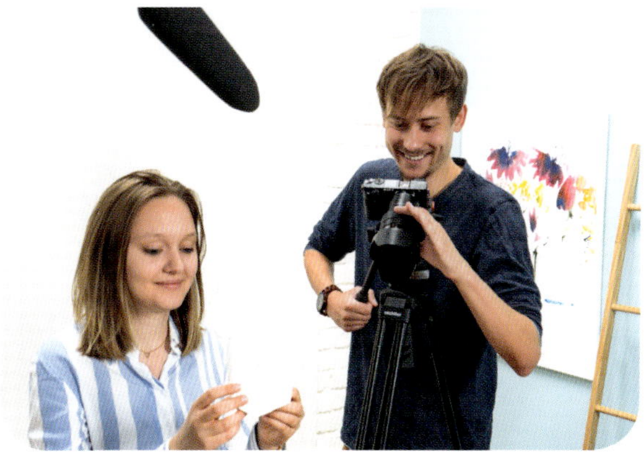

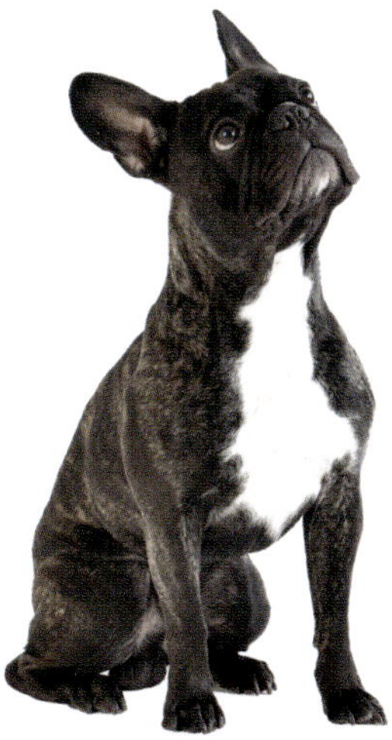

Alle News, alle Infos und alle Links findest Du auf www.TOPP-kreativ.de

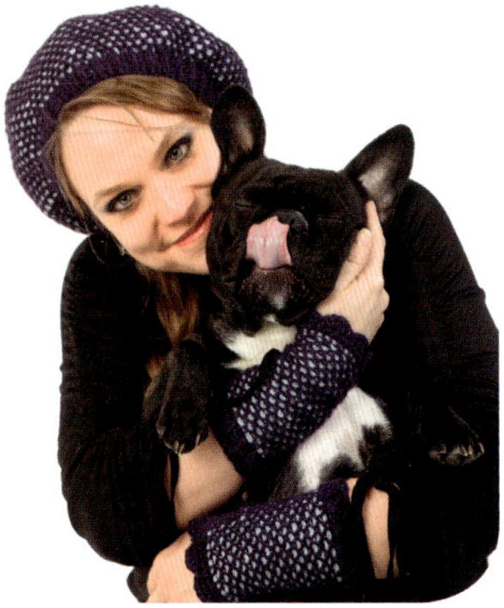

Für Sylvie ist kreativ sein wie atmen – sie kann einfach nicht anders! Egal, ob im Stricken, Nähen, Häkeln oder Kochen, neue Techniken und kreative Ideen sprudeln einfach so aus ihr heraus. So lebt sie natürlich auch in der kreativen Hauptstadt Berlin, zusammen mit ihrer Tochter und der charakterstarken französischen Bulldoge Werner, ihrem treuen Begleiter und unverzichtbaren Assistenten bei Shootings & Co.

Ihre Fans lieben an ihr, dass sie alles ein bisschen anders macht – frisch, witzig, spritzig und unkonventionell – und so auch schwierige Techniken mit Leichtigkeit vermittelt. Vor allem durch ihre beliebten Youtube-Videos lässt die ungekrönte Strick-Queen eine stetig wachsende Zahl an Followern an ihrer „CraSy"-Welt teilhaben. Durch die Entwicklung des addiCraSyTrio hat sie ganz nebenbei auch noch die Sockenstricker-Welt umgekrempelt. Vive la révolution!

www.crasy.world
https://www.youtube.com/user/SylvieRasch
https://www.instagram.com/crasy_sylvie/

Impressum

Fotos: Manja Elsässer

Schrittbilder: Sylvie Rasch

Text und Anleitungen: Sylvie Rasch

Lektorat: Arnhilt Tittes, Rheinfelden

Layout & Grafik: Sabrina Kraft, Marion Kremer

Druck und Bindung: Livonia Print SIA, Lettland

Materialangaben und Arbeitshinweise in diesem Buch wurden von der Autorin und den Mitarbeitern des Verlags sorgfältig geprüft. Eine Garantie wird jedoch nicht übernommen. Autorin und Verlag können für eventuell auftretende Fehler oder Schäden nicht haftbar gemacht werden. Das Werk und die darin gezeigten Modelle sind urheberrechtlich geschützt. Die Vervielfältigung und Verbreitung ist, außer für private, nicht kommerzielle Zwecke, untersagt und wird zivil- und strafrechtlich verfolgt. Dies gilt insbesondere für die Verbreitung des Werkes durch Fotokopien, Film, Funk und Fernsehen, elektronische Medien und Internet sowie für eine gewerbliche Nutzung der gezeigten Modelle. Bei Verwendung im Unterricht und in Kursen ist auf dieses Buch hinzuweisen.

2. Auflage 2019

© 2019 frechverlag GmbH, Turbinenstraße 7, 70499 Stuttgart

ISBN 978-3-7724-4802-7 • Best.-Nr. 4802

Danke!

Besonderen Dank an Rasthaus Berlin und Hornbostel für die tolle Fotolocation.

Vielen Dank an die Sponsoren:
Schulana GmbH & Co. KG (www.schulana.de), Lang & Co. AG (www.langyarns.com), Gedifra SRL (www.gedifra.com), Atelier Zitron (www.atelierzitron.de), Langendorf & Keller GmbH (www.pro-lana.de), MEZ GmbH (www.schachenmayr.de), Plus H (www.plus-h.de), Buttinette GmbH (www.buttinette.de), Schoeller Süssen GmbH (www.schoeller-wolle.de), Lütt Marie (www.luettmarie.de)

Kreativ-Hotline

Hilfestellung zu allen Fragen, die Materialien und Bücher zu kreativen Hobbys betreffen: Frau Erika Noll berät Sie. Rufen Sie an oder schreiben Sie eine E-Mail!

Telefon: 0 50 52 / 91 18 58*

* normale Telefongebühren

E-Mail: mail@kreativ-service.info